逻辑说服力

宿秀珍◎著

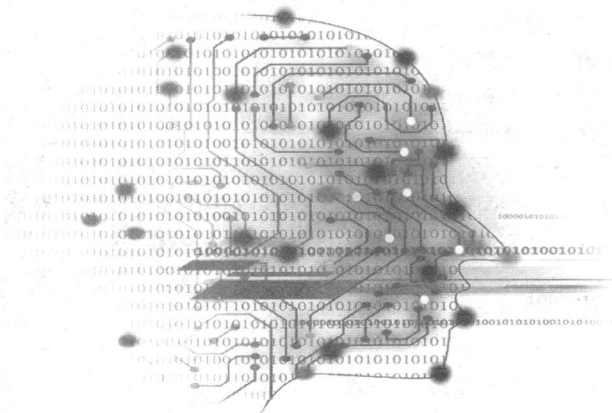

中国国际广播出版社

图书在版编目（CIP）数据

逻辑说服力 / 宿秀珍著. —— 北京：中国国际广播
出版社, 2018.7（2023.9重印）
ISBN 978-7-5078-4210-4

Ⅰ. ①逻… Ⅱ. ①宿… Ⅲ. ①说服—语言艺术—通俗
读物 Ⅳ. ①H019-49

中国版本图书馆CIP数据核字(2018)第136460号

逻辑说服力

著　　者	宿秀珍	
责任编辑	杜春梅	
校　　对	徐秀英	
设　　计	华阅时代	

出版发行	中国国际广播出版社有限公司 ［010-89508207（传真）］	
社　　址	北京市丰台区榴乡路88号石榴中心2号楼1701	
	邮编：100079	
印　　刷	三河市宏顺兴印刷有限公司	

开　　本	880×1230　　1/32
字　　数	200千字
印　　张	8
版　　次	2018年8月 北京第一版
印　　次	2023年9月 第十二次印刷
定　　价	42.80元

序

无可置疑，说服是一种本事，它甚至能决定你人生的成败。一个说服力强的人，总是能把深刻的道理讲得很清楚，把复杂的道理说得简单，从而增强自己的影响力。

很多人缺少"嘴"上功夫，不会说话，言谈表达往往"话不投机"，以致什么事也办不成，很难在社会上行走；而有的人则深谙说话之术，能得体地运用语言准确地传递信息、表情达意，从而左右逢源、如鱼得水。所以，把说话的本事练好，是一件非常重要的事。

散文大家朱自清曾说过这样一句话："人生不外言动，除了动就只有言，所谓人情世故，一半儿是在说话里。"话说好了，人情世故也就通晓了一半儿，再加上天时、地利、人和，说服别人帮你解决问题，就成了一件很容易的事情了。

但是，很多人忽略了一个问题，认为说服靠的是话术、经验、资历。其实不然，90% 以上的说服靠的是逻辑！这就是为什么有人总能用寥寥数语就让人信服，而有些人费尽口舌也无法让人接受他的意见的原因。

在 1980 年的美国大选中，罗纳德·里根仅凭一句"你比 4 年前过得更好吗"，就击败了企图连任的竞争对手前总统卡特。很普通的一句话，但是在当时的语境下，却表现出了一种超强的说服力。当时，大部分美国民众对生活的感知，或者认识逻辑是：我没有 4 年前过得好。过去的四年，美国与苏联针锋相对，核问题威胁全球安全，严重的通货膨胀和高失业率使得人心惶惶。现在要换总统才能解决这些问题，换谁呢？当然是谁提出来这个问题，谁就有可能解决，这个人当然是里根了。这就是逻辑的力量！

不管是政治演讲，还是团队管理，抑或是商务洽谈，说服的力量一定源于逻辑。缺少逻辑，即使把自己脑子里的东西全部倾倒给对方，也难以形成有效的沟通和有力的说服。

这也可以用来解释，为什么生活中很多人很会说话，但总是沟通无效，或是一番口若悬河之后，对方丝毫不为所动。反之，抓住某种逻辑，即使一句话也能让对方点头。

所以，说得好未必就有说服力，但有逻辑性一定会给说服力加分！由此可以说，在生活与工作中，有逻辑的说服是干好许多工作的必要条件。

目录

第一章 | **说话的逻辑性决定说服效果**

第二章 | **说服要遵循的"逻辑原理"**

第三章 | 与对方的逻辑保持一个频道

第四章 | 强化表达逻辑，提高说服技巧

第五章 | 逻辑说服要修炼"十项全能"

第六章 | 逻辑方法对路，说服效果显著

第七章 | 说服不同的人，要用不同的逻辑

第八章 | 跳出说服中的逻辑思维陷阱

第一章

说话的逻辑性决定说服效果

在与他人交流过程中，我们更相信自己推断出来的道理，而不是被别人灌输进脑海中的思想。所以说服他人，不一定要讲大道理，但一定要把你的逻辑告诉他，让他自己去推导。

什么是说话的逻辑

逻辑，是一个经常被我们挂在口头上的词。那逻辑到底是什么？

狭义上逻辑既指思维的规律，也指研究思维规律的学科即逻辑学。广义上逻辑泛指规律，包括思维规律和客观规律。逻辑包括形式逻辑与辩证逻辑，形式逻辑包括归纳逻辑与演绎逻辑。

或许我们还是不明白这个听上去有点抽象的概念。这也就不难理解，我们在日常生活中经常遇到的一些尴尬了。如，你和别人讲了一大堆，内容很丰富，但最后发现对方听不懂你在讲什么，一脸的茫然，或者对方跟你说了很多话，你也抓不住对方的重点，不知怎么回应。为什么？逻辑出了问题。

在《金字塔原理》这本书当中，有这样一个案例：

A 对 B 说："上个星期，我去了趟苏黎世。你知道，苏黎世是一个比较保守的城市。我们到一家露天餐馆吃饭，你知道么？在 15 分钟的时间里，我至少见到了 15 个留长胡子的人。而且，如果你在纽约的任何一座写字楼周围转一转，你就会发现几乎没有不留长胡子或长头发的人。同样，在伦敦，留长胡子在多年以前就已经是伦敦街头的一景了。"

读完这则故事，你能感觉到什么吗？

你不妨问自己一个问题：A 究竟想表达什么？如果从他的描述中，你找不到准确答案，或者说，你只能主观猜测他要表达什么，那他的这种表达对你来说肯定是有问题的，同时，对他来说，表达也是失败的。

为什么？

因为逻辑混乱！如果 B 的理解能力没有问题，却不知道 A 要表达什么，一定是表达出了问题。如果 A 换一种表达方式呢？他这样说：

"你知道么？我简直难以相信，男人留长胡子或长头发已经这样普遍，这样被广泛接受：上个星期，我去了趟苏黎世。你知道，苏黎世是一个比较保守的城市。我们到一家露天餐馆吃饭，你知道么？在 15 分钟时间里，我至少见到了 15 个留长胡子的人。在纽约的任何一座写字楼周围转一转，你就会发现几乎没有不留长胡子或长头发的人。在伦敦，留长胡子在多年以前就已经是伦敦街头的一景了。"

这样 B 就明白了，A 是想表达"男人留长胡子或者长头发这么普遍，这么被广泛接受"这样一层意思。后面表达的苏黎世、纽约、伦敦只是想证明他的观点。A 的逻辑是：先告诉 B 他想表达的观点，再用事实证明他的观点。如果你还听不懂 A 在表达什么，你就有必要训练你的倾听能力和理解能力了。

由此可见，逻辑，可以通俗易懂地理解为"顺序"和"规律"，先什么后什么，就是一种顺序和规律，比如汇报工作，先结果后过程，这就是一种逻辑。所以你的演讲表达要有一定的顺序和规律，否则，别人不知道你到底要表达什么。

能说不重要，会说才关键

说话可以解决任何问题，会说话是说服别人的根本。多数人认为，会说话的人巧舌如簧、能言善辩，说起话来，如黄河之水天上来，一倾而下，滔滔不绝。其实不然，说服一个人，表面上看是靠口才，其实是靠逻辑！

别人服你，服的不是你都说了什么话，而是服你的那套逻辑。说服他人，说不是重点，是否有逻辑才是关键，让人心服口服，一定是语言背后有一套无可辩驳的逻辑。这是说服的根本。

一头驴和一头骡子共同生活在一个圈里，驴很看好骡，觉得骡的工作才是自己想要的。这天，驴又被主人从后院里牵出来去耕地。它很不情愿，所以在干活的时候总是走走停停，一点儿也不用心。

主人很生气，开始破口大骂，并用鞭子打驴，谁知这驴一挨打，反而更不走了。没办法，主人只好采取第二个方法，把它牵回去，给它喂好的饲料。可是，第二天耕地的时候，驴还是不肯认真干活。无奈之下，主人只好拼命地给驴说好话，希望驴听了这些好话能认真干活。可是他好话说了一箩筐，驴依然我固，不听主人的话。

这可如何是好？一位智者正好路过这里，他观察良久，悄悄告诉驴的主人一个方法。

第二天早上，主人对驴说："有一件事情，我想让你去做，不知你肯不肯，也不知你能不能做到？这可是连骡子都做不到的呀！"

驴一听，萎靡之态一扫而光，兴奋地问："什么事情？"

主人说："我想让你和我一起去一个很远的地方送些东西，但路上会有一些可怕的鬼怪，不知你害怕不害怕？我问过骡子了，它因为害怕那些鬼怪，不愿意跟我一起去！"

驴听了大乐，大声地说："当然了！主人啊，你终于明白我的能力了，我的理想就是干骡也干不了的活啊！"

主人说："那好，不过为了不让你害怕，我要把你的眼睛用布蒙上，这样你就可以带着东西一直快走了！"于是，驴心甘情愿让主人蒙上眼睛去耕地了。

晚上回来后，骡看到驴身上的泥巴，问道："驴兄，你到哪里去了？"

驴得意扬扬地说："想不到吧，今天主人交给我一项重要任务，连你都做不到啊，现在我帮主人做完了！在路上，主人不停地夸我，说我是最勇敢的动物！真让人开心，咱们家主人真好啊！"

第二天，驴又带着快乐的心情，被主人牵去耕地，路经其他动物时，它显得兴高采烈。

这是一个很有意思的故事。为了让驴耕地，主人可谓煞费苦心，但打过骂过，都没有任何成效。无奈，他只好改变自己的说服逻辑，采取怀柔政策，说几句好话给驴听，结果，驴心甘情愿地工作，再也不闹情绪了。

说什么固然重要，但背后的逻辑才是说服的关键。比如，有些管理者口才很好，对谁讲话都能滔滔不绝，但说出来的话没分量，为什么？就是因为说话没有逻辑，或是对方不吃他这套逻辑。

在和别人沟通时，我们都想说服别人，所以在很多时候，我们都会拼命地"表现"，想让自己说出的话更加精彩，更加容易让人接受。这个时候，我们往往只会强调"你应如何""你必须怎么样"，结果说得越多，对方越反感。其实，回过头来想一想，我们讲了一大堆连自己都不想听的废话，又怎么指望靠它征服人心呢？

逻辑性，是可以设计出来的

在我们生活的这个世界上，逻辑无处不在，设计产品需要逻辑，完成一件工作需要逻辑，说服别人更需要逻辑……可以说，只要我们说话、办事，就离不开逻辑——或遵循自己的一套逻辑，或借鉴他人的逻辑。

大凡在工作、事业中有所成就的人，都非常善于逻辑设计。比如，一个人要创办一家企业，企业的制度设计，其实就是逻辑设计，好的制度不仅可以规范企业的运行，也可以激发员工的活力。如果不善于设计，只是参考别人的那套东西，难免会有漏洞。就像一部机器，要想运行得稳，运行得好，不但要设计好各个部件，还要设计好它们之间的关系，只有部件间契合得好，符合相应的原理与逻辑，运行起来才会严丝合缝。

在犹太人中流传着这样一则故事：

有一位弓箭高手，他想学到世上最厉害的技艺，于是他穿过重重森林，去拜访名师。

几个月后，他看到一棵大树上有一支弓箭，正射在油漆涂的靶子的中心。他心情非常激动，加快了脚步，结果整片森林到处都是这样的现象。他知道他要找到名师了。

不久，他来到一片空地，抬头看到一个谷仓，谷仓上有一排排的箭都正中靶心，他知道世外高人就在眼前，于是赶快抓紧寻找。

终于，他找到那个人，看上去很普通，说话很慢，而且行动稍显笨拙。

他拜师心切："请问您是怎么做到的？"

那个人回答："谁都可以做到。我射完箭后，找来涂料，在箭周围画个靶心就行了。"

这个故事很有意思，不同的人会有不同的解读。虽然用它来形容成功并不恰当，但是从逻辑学的角度看，可以理解为："成功"都是可以设计的——我们把一件事做得天衣无缝，把话说得滴水不漏，一定是遵循某种逻辑的结果。

如，你这个人胸无大志，但想当个建筑大师，想盖几幢有点特色的建筑，那你就去学建筑学方面的课程，那是一整套关于建筑设计的逻辑，你不遵循这个套路，随心所欲发挥你的创造力，想当然地去搞设计，就像堆积木，那肯定是不行的。

在平时的生活中，我们不需要高深的学问，逻辑也没有想象得那么复杂。许多时候，我们所说的逻辑，其实就是常识。设计自己做事、说话的逻辑，就是规划并运用好这些常识。怎么做呢？关键把握好三个步骤：

首先，要设定一个大前提：你要做什么

做任何事，都避不开这个问题。做什么，也就是你做事的目的。例如，你想说服老板新建一个厂房，那在说服时，首先要申明这个观点，不能模棱两可，让对方准确领悟你的意图。

其次，对观点进行分解：为什么要做

你说服他人，不能只提供一个观点，一定要把观点背后的那套逻辑也要讲出来。如，建议老板盖新厂房，好处是什么，要一二三讲出来，不建新厂房的坏处是什么，也要一二三讲出来。也就是，给出的理由要充分，至少在逻辑上是合理的。

再次，给出设计方案：要怎么做

说服别人做一件事，或是不做一件事，光给出理由是不够的，还要给出方案。再以说服老板盖厂房为例，如果老板有疑问，他可能会说：你有方案么？你顺势将地势、高下、层高、使用、交通、通风、走火通道、日照、结构、机电、音响、照明、造价，以及外观、文化等方面的方案呈上来，说服力会倍增。

做任何事，其实都遵循这么一套逻辑，即做什么，为什么要做，要怎么做。看上去很简单，却是一种高明的说服策略。如此，在说服的过程中，帮助对方做推断，做取舍，不经意间将自己的观点"推销"给对方。很多人不懂这套说服逻辑，更不善于设计、运用这套逻辑，自说自话，一味强调自己的道理、自己的"逻辑"，虽然说话有声势，却没有力量，难服人心，道理就在这里。

说话高手骨子里都是逻辑大师

　　每个行业都有自己的做事逻辑，职业不同，分工不同，说话办事的逻辑不同。你做技术一流，搞研发很厉害，让你去做销售，你还行么？让你去做管理，还在行么？

　　有人会说，我喜欢搞技术，搞研发，再说与人打交道的工作是最难做的，我为什么要去做？其实不是工作难做，是你不善于玩销售的逻辑、管理的逻辑。

　　在所有工作中，销售与管理工作，可能是最考验说服艺术的工作，同样是干销售，有人只能拿到底薪，有人却能拿几万几十万的月薪，他们的差别在于销售艺术上，更准确一些说是差在说服逻辑上。

　　有一则故事，说的就是这个道理。

　　有一个营销经理带了几个新兵，一天，他想考验下他们的能力，便出了道题：把梳子卖给和尚。

　　第一个人：出了门就骂，说和尚都没有头发，还卖什么梳子！于是转了一圈，回去告诉经理，说和尚没有头发，梳子无法卖！

　　第二个人：到一个寺庙找来一个和尚，说我想卖给你一把梳子，和尚说，我用不着。他说，这是经理的任务，你无论如何得买一把，于是和尚大发慈悲，就买了一把。

第三个人：也来到一个寺庙卖梳子，和尚说，真的不需要的。那人在庙里转了转，对和尚说，拜佛是不是要心诚，和尚说，是的。心诚是不是需要心存敬意，和尚说，要敬。那人说，你看，很多香客很远来到这里，他们十分虔诚，但是却风尘仆仆，蓬头垢面，如何对佛敬？如果庙里买些梳子，给这些香客把头发梳整齐了，把脸洗干净了，不是对佛的尊敬？和尚话说有理，就买了十把。

第四个人：也来到了一个寺庙卖梳子，和尚说，真的不需要的。那人对和尚说，如果庙里备些梳子作为礼物送给香客，又实惠、又有意义，香火会更旺的，和尚想了想，有道理，就买了一百把。

第五个人：也来到了一个寺庙卖梳子，和尚说，真的不需要的。那人对和尚说，你是得道高僧，书法甚是有造诣，如果把您的字刻在梳子上面，刻上"平安梳""积善梳"送给香客，是不是既弘扬了佛法，又弘扬了书法，老和尚微微一笑，善哉！就买了一千把梳子。

故事有些夸张，但很有启发意义。从中我们能看到每个销售人员的逻辑：

第一个人受传统观念的束缚太厉害，用常理去考虑销售，显然不适合做销售。

第二个人是在卖同情心，这是最低级的销售方法，叫做"叩头营销"，不是长久之计。

第三、第四人为客户着想，以"顾客满意为宗旨"，所以多少有些说服力。

第五人不仅能够让顾客满意，简直达到了物我两重天的境界，他不只是在卖梳子，也是在卖服务，把顾客的价值最大化，自然也就不足为奇了。

从这个故事中，我们可以窥见销售的门道，其实就是有逻辑的说服。这里的"逻辑"，不是想方设法埋下陷阱让对方跳下的奸诈举动，而是将合乎常理的事情通过思维和语言的穿针引线，整理表达出来的说话技巧。

在现实生活中，所谓的说话高手，其实都玩语言逻辑、思维逻辑的高手，他们不但善于发现逻辑、运用逻辑，而且也善于用清晰的逻辑去影响、改变别人。

心中有逻辑，表达才有力

言为心声，一个说话有条理、有逻辑的人一定是思维缜密、规则分明的人。古往今来，许多杰出的思想家、政治家都是逻辑高手，他们说出的话很有条理，非常具有说服力。

斯大林曾经这样评价列宁的讲话："列宁的讲话中有一种不可战胜的逻辑力量，这一点最使我感到钦佩。即便是枯燥，它也能紧紧抓住听众的心灵，让他们一步步感动，然后彻底俘获他们的心灵。我记得，那时候很多代表说：'列宁讲话中的逻辑就如同万能的触角，从各个方面像钳子一样钳住你，令你难以脱身。最后，你要么投降，要么就彻底被打败。'"

古今中外，类似的例子有很多。《诸葛亮舌战群儒》是《三国演义》中非常精彩的一段，说的是诸葛亮孤身一人面对众多文臣谋士的指责诘问，有理有据、逻辑分明，以一己之力舌战群雄，令对手皆成"口下"败将。

当时，曹操挟天子以令诸侯，国内大部分敌对势力都已经被他消灭，唯有刘备和孙权能与之抗衡。于是曹操令人去面见孙权，希望能够说服他一起联手对付刘备。东吴的大部分文臣都选择投靠曹操，在这种情况下，诸葛亮来到了东吴。

在见孙权之前，东吴的文臣谋士们首先对诸葛亮发难。首先是东吴的第一大谋士张昭。他嘲笑刘备三顾茅庐才请得诸葛亮出山，结果却"弃新野、走樊城、败当阳、奔夏口，无容身之地"。面对如此毒辣的嘲讽，诸葛亮笑言："燕雀安知鸿鹄之志？"先将自己比作志向万里的大鹏，而笑群儒就是胸无大志的燕雀。接着，他用比喻的方法做了一番解释：如同病入膏肓的危重病人不可一下子用猛药一样，刘备由于实力不如曹操，所以小败几次也属正常，退让是为了更好地壮大自己。同时刘备在战场上虽然失败了几场，那是因为与曹操在兵力上存在悬殊，但他却因为照顾百姓而宁愿不取江陵，其大仁大义获得了数十万百姓的民心。再说胜败乃兵家常事，就像刘邦当年也一再败于项羽，但在关键的垓下一战中却取得了决定性的胜利。国家大事、天下安危，需要有大智慧的人深谋远虑，怎能像只有一张嘴的人高谈阔论、巧言令色呢？

这一番话说得张昭哑口无言。

紧接着，虞翻咄咄逼人地问诸葛亮："曹操如今大军百万，你认为你们有什么能力与之抗衡？"

诸葛亮回答："曹操的兵力乃是袁绍和刘表的乌合之众，有什么好怕的。"虞翻冷笑着说："你们兵败当阳、夏口，却还说百万大军没什么可怕，真是大言不惭。"诸葛亮淡然回答："刘备只有几千仁义之师，却敢于抗衡曹操百万残暴之军；而如今东吴有长江之天险，又兵精粮足，却还有人想屈膝投降，岂不令天下人耻笑？如此看来，还能说刘备怕曹操百万大军吗？"诸葛亮以子之矛攻子之盾，令对方无言以对。

在这次论战中，诸葛亮以缜密的思维、清晰的逻辑，驳得众人哑口无言。最终说服孙权与刘备联手抗曹，从而确立了"三分天下"的局面。

　　诸葛亮舌战群儒，精彩纷呈。他的每一番话都由"守"开始，但绝不仅仅止于"守"，而是在作答的同时，会有力地反驳，主动展开进攻，进退有致，令人无懈可击。并且，他总能针对对方的弱点，进行有理有据、逻辑严密的反驳。

　　从这个故事中，我们能够感受到逻辑的力量。可见，心中有逻辑，讲出来的话才有分量。有分量的话不一定是长篇大论，但一定是经过构思的，是讲逻辑层次与关系的。这就如同构思精巧的奇文一样环环相扣、严丝合缝，让人找不出一点破绽，对方自然也就找不出辩驳的理由。

　　所以，有智慧的人，他们在表达某种观点前，通常会组织语言，尽可能使说出来的话有序、有节、逻辑分明、条理清晰，让人产生一种心理上的信服感。

说服非说教，别老想着"洗脑"

在这个世界上，最困难的事情就是改变别人的思想观点。对于大多数人来说，只要你想给别人提建议、意见，或是寻求别人的帮助、理解，就必须要面对这个看似棘手的问题。面对说服对象，说服高手总是能做到小心谨慎、毕恭毕敬，他们既能充分尊重对方的观点，又能巧妙而又有条不紊地阐明自己的观点，使对方心悦诚服。

说服的关键不是说，也不是教，而是让人心服。有些人把说服理解为说教，自己高高在上，习惯支配，甚至指使他人。这样做，结果适得其反，非但不能说服别人，还会激发对方的逆反与抗拒心理。所以，高明的说服者在说服他人时，会尽量避免使用说教的口吻，以教育人的姿态说话。

下面这个场景很常见：

"唉，我最近又胖了，好羡慕你的身材，能锻炼得这么好。"

"是啊，你为什么不跟我一样，花点时间去慢跑，运动一下呢？"

"我也知道，但工作太忙了，实在没时间……"

"我觉得还好吧？你真的有那么忙吗，连每天半小时都抽不出来？"

"啧，你哪里知道我们这种加班狗的苦。而且就算有时候早点下班，也是精疲力竭，哪有心情慢跑啊……"

"那为什么不试试晨跑呢，早起半个小时，跑完精神会更好喔。"

"但我体力不行，跑没多久，就会很累……"

"放心，体力是练出来的，只要持之以恒，就会越跑越轻松。"

"算了吧，我从没慢跑过，连双合适的鞋子都没有……"

"那小事，我带你去买一双，如何？咱们明天下午就去商场挑。"

"唔，我看下次吧……"

对大多数人来说，这个场景是不是很熟悉？的确，这是一个典型的说教场景。

说教常喜欢用"为什么你不如何如何"的方式，督促你去做某件事；然而被说教的那一方，则不断丢出"因为我有什么什么原因"当借口，拒绝做出改变。这个过程，难免会让说教者觉得气恼——难道你真的不希望自己变得健康一点吗？难道你不相信运动有益健康？你为什么会一直处在这种抗拒状态呢？

其实真正的问题是出在说教者的说话方式上。要知道，当我们一直问别人"你为什么不如何如何"的时候，就会很自然地让对方的思考偏向于为他不做这件事找出一个理由。而接下来，你为了劝导对方，又不得不将他所提出的理由——推翻，这个过程很容易会引发对方的反感，让对方觉得"你又不懂我的情况，少说这种风凉话"。

毕竟，谁都不喜欢被否定，而为自己所提出的理由辩护更是人类的天性。

于是这么一来二去，那位原本你想劝他去做运动的朋友，在一连串的说教下，此刻只会满脑子充斥着"为什么我不能去慢跑"的理由，且在与你争辩的过程中（即便只是温和的争论），不断坚定自己的想法。

再来看一个场景：

"咦，奇怪了，你看起来不是那种会注意身材的人，为什么会对运动感兴趣呢？"

"我也希望自己能瘦一点啊……"

"胖就胖嘛，有什么不好呢？"

"可是瘦一点的话，我穿起衣服来就能更有自信一点……"

"何必在意呢？反正我们又不会嘲笑你。"

"不是别人会不会嘲笑的问题，而是自己看自己也不开心啊……"

"那么，你打算怎么做呢？"

在这段对话中，说服者一直在做的是不断问对方"为什么你会想要"，而每问一次，听者的脑中就会思考一次"因为我要如何如何"的理由。这样的理由，就像埋下一颗种子，而且会随着说服者的每一次反驳逐步加温，变得越来越深。如果这些理由中，正好有说服者所希望的，那可以委婉地通过问话，或者有选择性的交谈来进行强化。

说服，不是一蹴而就的事情，尤其是在针对某些成见已深的对象时，不要觉得自己讲了半天，你还是没有那样做，就是失败了。

事实上，说服是一个程度上的改变，只要对方的想法从"很讨厌"到"没那么讨论"，甚至是在思考"你说得也有一定道理"的时候，其实说服就已经开始成功了。

所以，不要把说服理解成说教，或是洗脑，或是机械地向别人灌输某种观点与思想。说服，需要通过自己的推理，逐步引导、启发听众，让他们自主分析、判断你的观点，直至理解、赞同，这样的说服才是最有效的。

第二章

说服要遵循的"逻辑原理"

要想让讲出来的话更有说服力，在不同的场景，针对不同的人与事，说话要遵循不同的原理。有"理"有逻辑，说出来的话才能得体又舒服，让人无可辩驳。

一致性原理：知行一致，拒绝也能变接受

什么叫一致性原理？

通俗的理解是：人人都有一种言行一致的愿望，都希望兑现自己的诺言。因为言行一致可以在人际交往中维护自身的良好形象，而言行不一的人会被看成脑筋混乱、表里不一的人。

大多数人一旦采取了公开立场或书面表明支持某一观点，他们就会更愿意坚持自己的选择，而且即使是看似微不足道的承诺也会对未来行动产生强有力的影响。

一些专家曾做过一个实验：他们询问美国加州某个小区的一组业主，问他们是否愿意在院子里的草坪上竖起一块很大的"小心驾驶"的告示牌。结果，绝大多数的业主都拒绝了。接下来，专家又在这个小区找了另外一组业主，先要他们签名支持"保护加州的环境"。因为这个要求并不高，大部分人都签了名。两个星期之后，研究人员又找到这组业主，问他们是否愿意在自家草坪前竖起一块很大的"小心驾驶"的告示牌。结果有近一半的人都同意了。

专家解释说，当居民在承诺书上签完名之后，就会把自己看成具有公益精神的好市民。当他们两周之后被要求在自家草坪上竖起广告牌的时候，为了符合自己新塑造的形象，就只好答应了。

由此可见，一致性原理就是我们的内在有一种驱力，促使我们的认知和行为保持一致，否则就会觉得很痛苦。例如，我觉得小张是个好人，我就会避免做出伤害他的事，此时我的行为和认知是保

持一致的，反过来，内心觉得小张是个好人，但在行为上却阴错阳差伤害了对方，这不一致会让你产生一种罪恶感。

所以，当人的内在认知和外在行为发生冲突的时候，我们为了摆脱那种不舒服的感觉，就希望在行为和认知这两者之间，改变其中的一端重新回归一致，要么改变我的行为，我不再伤害你了，我给你道歉，要么改变我的认知，由于我伤害你，这件事无法挽回了，在我心中我就开始说服自己：你究竟算不算得上是一个好人？如此一来，我就不会因为内在不一致而感到痛苦了。

同样的道理，如果我觉得你这个人不地道，在你遇到困难的时候，我可能不会帮助你，这是我的行为。因为，我的认知与行为要保持一致。否则，我选择帮你，就会让自己产生这样一种心理：明明知道你这个人不怎么样，还要去帮你。如此，很容易就产生纠结。

心理学家很早就认识到了一致性原理对人们行为的巨大影响力。一些著名的心理学家都将保持一致的愿望看作主导人们行为的一个主要原动力。但是，这种要保持一致的倾向是不是真的强大到令人们做出自己原本不想做的事情来呢？当然可以。

最常见的例子，就是在业务员在销售实践中，说服客户购买自己的产品或服务。优秀的业务员，在说服客户的过程中，会恰当运用一致性原理。如，让客户持续说"是"，从而提升成交几率。

世界著名推销员原一平在推销保险时，习惯向客户提一些对方必须答"是"的问题。他发现这种方法非常有效，当他问过五六个问题，并且客户都答了"是"，再继续问保险上的知识，客户仍然会点头，这个惯性一直保持到成交。让客户不断说"是"，也是销售中有力的说服术。举个例子，销售员与客户沟通，"李姐，心脑血管疾病对健康危害极大，是吗？"只要你说的是事实，对方必然不会否认，而只要对方不否认，自然也就会说"是"了。就这样，你已经顺利得到了对方的第一句"是"。话术本身，虽然不具有太大意义，但却是整个销售过程的关键。"防治心脑血管疾病，一定要高度重视平时的保健，对吗？""以中医药为基础的保健品防治心脑血管疾病效果更持久，是吗？"

除非对方不想搭你的话茬，否则，她不会提出反对意见。这么一来，你不就得到第二句"是"了吗？如果对方真的要拒绝，那不仅仅是口头上的一声"不"，同时，他所有的生理机能也都会进入拒绝的状态。然而，一句"是"却会使整个情况为之改观。所以，说服高手都善于运用一致性原理，让对方将拒绝变得接受。

在平时工作中，优秀的领导也非常善于利用这种原理来管理下属。如，领导要求下属每个周末下班前准时提交一周工作总结，他只是开会强调："大家每个周五的三点前，把你们这一周的工作状况写个报告，发到我的邮箱。"最后的结果很可能是，有的人写了，有的人没有写，或者有的人周日会补上。如果换一种方式，将这个决定以书面的形式分发给下属，一旦下属同意，就让他们将自己的决定写成备忘录，然后提交上来。那么接下来，下属履行承诺的可能性就会大大增加，因为人们通常都会兑现他们写下的书面承诺。

所以，在说服他人的过程中，要学会巧妙地运用这种原理，尽可能让对方做出的承诺与行为保持一致，而不是去破坏这种一致性。这样，才能增加说服的成功率。

好感原理：谁都愿意接受欣赏自己的人

好感原理，是指人们通常喜欢与那些认可、欣赏自己的人相处，也更容易信任他们，被他们的言辞打动。很多明星除了演戏唱歌，还捎带卖书、卖手机、开饭馆，虽然书很烂，手机很烂，饭馆很烂，但依然有很多人愿意花钱捧场。因为他们热爱这个明星，喜欢这个明星。为什么？因为我们更愿意顺从于自己喜欢的人，更容易被自己喜欢的人影响或者支配，这也是人的本能。把这一点利用起来，就成了影响或者说支配他人的一个武器——好感。

为了激活别人对他们的喜好，明星们会设法包装自己——修饰外在形象、表现完美人格、说容易让人爱的话、做容易让人爱的事，等等。一旦你对他们的喜好被成功激活，就变得特别容易受他们的影响和支配，就愿意买他们家的东西，甚至是他们代言的产品。

简而言之，"好感"这一武器就是设法讨得对方的认可与喜欢，从而影响或者支配对方对一些观点、问题的认知。

在日常生活中，越是讨人喜欢的人，越能赢得别人的青睐。在工作中，那些能获得上司好感的人，总是能够得到领导的赏识。在说服别人的时候，你想要对方赞同你的观点，你就需要先让对方喜欢你。很简单，这就是好感原理的说服逻辑。

西汉末年，24 岁的王莽做了官，虽然处事比较霸道，但他千方百计迷惑谄媚取悦太皇太后，甚至太皇太后身边那些常侍的随从，他都用多种方法去讨好，并经常用钱财去贿赂他们。他还建议太皇太后封她的姐妹为君，并赐予封地供养。因此，太皇太后身边的人日夜不停地赞美王莽。王莽知道，太皇太后作为一个女人，对深宫中的生活十分厌倦。于是他就用娱乐的方法去偷换太皇太后手里的权力，春夏秋冬四季，凡是天气晴好的日子，他都会请太皇太后到长安四郊进行游玩，并慰问那些孤儿、寡妇和贞妇。太皇太后所到长安各处，他就大施恩德，赏赐平民牛肉、美酒、丝织品、钱币，年年都这样。王莽想方设法取悦太皇太后，得到了太皇太后的好感，这使他篡位登基获得太皇太后的支持。

王莽在历史上的名声虽然不是很好，但是他能够赢得大部分人的支持，原因就是他善于赢得别人的好感。

在实际生活中，要想让别人同意自己的观点，或是答应自己的请求，也要学会运用好感原理，这样，对方拒绝你的理由就会变少。当然，在使用好感原理时，要注意以下几点：

1. 适当隐优露缺，会赢得他人的好感

在人际交往中，人们都喜欢把自己最好的一面展现给别人，总是把自己不好的地方隐藏起来。如果你适当地暴露下自己的缺点，反倒让人觉得真实。所以，有时候暴露下自己的小缺点，制造一点点小误会，然后自我解嘲一下，那样会增加别人对你的亲近感。切记，"推销"自己的观点时，不要把自己看得太重，更不能太做作。一味追求做个完人，给人的印象可能就是装模作样，这样的人似乎到哪里都不受欢迎。

2. 用关联的方法，让对方对你产生好感

很多的公司都喜欢用漂亮的明星做代言人，这不仅是为了利用

明星自身的影响力，同时也是为了让你对他们的产品与明星产生关联，当你想到某一明星时，自然就会想到对方的产品。你喜欢这些明星，对其所代言的产品也不会太厌恶。

在与人交往时，也可以借用这种方法。比如，某个人心情不好的时候，你就找他交流一些他感兴趣的事，让他变得轻松些，几次下来，他的这种"轻松"就会与你产生关联。

3. 保持必要接触率频，增进对方的好感

俗话说，"亲不敬，熟生蔑"。这句话说的有一定道理，但不完全正确，人们之间的关系完全靠联系来维持，如果不联系，双方关系不就疏远了吗？人与人之间保持一定的距离是必要的，但也要保持必要的接触频率。心理学研究表明，你和他人接触的次数决定你和对方的亲密程度。通常，只要你给对方的第一印象是好的，那你的重复出现会提升对方对你的好感度。

人与人的交往，其实就是双方心与心的交往，人都喜欢和喜欢自己的人在一起，你取悦对方，说明你关心、在乎对方，对方也会对你的付出做出回馈。

所以说，说服的过程就像是在找朋友，只有让对方感觉到你和他是自己人，他就会喜欢你。要想在说服中取得对方的赞同，不妨先让对方喜欢你，这样，他就会站在你的立场上支持你说的话。

恐惧原理：怕什么，才会避免去做什么

恐惧也能说服人吗？答案是：能！而且相当有效。

美国第三十二届总统福兰克林·罗斯福在首次就职演说中，对饱受经济萧条之苦的国人说出了这样话："首先我坚信，唯一会令我们恐惧的，是恐惧本身……它使我们裹足不前。"

恐惧会促使人们采取行动以避免危险，但这样的普遍结论有一个例外：在告诉人们某种存在的危险时，如果不能明确地告诉人们什么样的措施能降低危险，那人们可能会对这条信息"充耳不闻"，或拒绝承认这样的危险会发生在自己身上。结果就说服不了人们对此采取行动。

霍华德·莱文索尔和同事曾做过一项实验，他们让学生们阅读关于破伤风危害的宣传册。其中有些册子有感染破伤风后的示例图片，有的则没有。有的同学被告知注射破伤风疫苗的具体途径，有的则对此一无所知。此外，还有的学生只接受了怎样注射破伤风疫苗的建议，并不知道感染破伤风的可怕。

结果证实，浏览了破伤风感染的示例图片的学生，得知注射破伤风疫苗的具体途径时，会主动去注射疫苗以降低对该病的恐惧。这项发现告诉我们，在提醒他人危害性的同时，告知其能采取的措施非常重要：人们对能用何种方法消除恐惧越清楚，就越不会在心理上排斥劝说。

这就是说服中的恐惧原理。它也适用于商界或其他场合。比如，宣传有排忧解难功效的产品或服务时，还应告知消费者具体的使用方法。一味地向顾客鼓吹产品或服务的有效性，可能会让广告效果恰得其反，让顾客懒于尝试。

所以，在运用恐惧原理说服他人时，一定要有具体的"指令"，或是给出相应的建议。比如，一位妇女劝丈夫戒烟，她说："设想一下，如果你继续抽烟的话，你的儿孙就只能站在你的棺材旁边大哭，因为他们再也不能跟你说话了。你一直在用烟草进行慢性自杀，脸庞已经干枯萎缩，他们再也想不起你原来的样子了。"

对于大多数人来说，这是一个可怕的场景。

接下来，她又说："如果你这个月减少到每天只抽半包烟，然后下个月每天只抽 1 支，最后完全戒掉，那时你就会健康快乐地和孙子们一起享受天伦之乐了，这不是很好吗？"

这时，丈夫可能会被吓到了，因为他听到了具体的指示，这就很有说服力了。吸烟者已经听了无数次劝他们戒烟的话，什么"吸烟有害健康""吸烟会增加得肺癌的几率"等，耳朵都起了老茧，所以他们不再理会你这样的劝戒。那该如何说服呢？一个有效的方法，就是利用恐惧，而且要给出具体的指令与建议。

几十年的心理学研究表明，要想影响别人或取得别人的配合，必须要有具体的指令。如果你试图指导或者影响别人的行为，就要给出一些可执行的指令或者步骤。简单地告诉他不要做某事、"找份工作"、"规矩一点"或者"闭嘴"是注定会失败的，因为这些都不是具体指令。

这对你来说意味着什么呢？就是你必须带领对方一步一步地走，然后把他们带到你希望他们打开的那扇门前。任何事情少了这个程序，无论是短期还是长远来看都不可能取得成功。例如，你发现公司的某个项目存在重大隐患，那你在向管理层报告的同时，一定要附上一些可行的对策。如果你决定先报告了再说，很可能当你和同事找出对策时，管理层要么已经拒绝你的担忧，要么就压根不承认隐患的存在。

再如，医生或护士在建议肥胖病人加强锻炼减肥时，通常会告诉病人继续肥胖下去的危害。但这样的劝说很难能说得动病人，除非院方再提供具体的减肥方法，如采取节食或制定明确的锻炼计划。如果只单纯告诉病人，肥胖会增加患上心血管病及糖尿病的危险，那只会加深病人的恐惧和对劝说的排斥。如果在告诉病人肥胖的危害时，给出明确且可行的减肥措施，对方就很容易采纳这些建议。

所以在有些情况下，为了制止或改变对方的某些行为，可以适当运用恐惧原理来劝说，以减少对方的抵触心理。毕竟，没有人希望感到恐惧，但恐惧却能以独特的方式改变人们的观点与行为。

稀缺原理：渴望得到，才会付出行动

　　稀缺会带来心理上的恐慌，人们对失去某一件东西的恐惧，要比要获得同一件物品的渴望，更能激发他的行动力。这即所谓的稀缺原理。这一原理在营销中被称为"饥饿营销"。近年来，一些商家将这一营销手段发挥得淋漓。了解了这一点，就不难理解下面的这些现象：

　　为什么很多人愿意在"双十一"买那么多自己并不需要的东西，因为这样的电商大减价一年仅此一次，具有"稀缺性"。

　　为什么电视购物节目，在售卖某件限量产品时，会时刻播报这件产品仅剩多少件。这是在暗示"稀缺性"，说服你赶紧来抢购。

　　为什么很多售楼人员在销售房子时，会告诉客户"这是我专门向领导申请的折扣"，其实也是在暗示"稀缺性"——"你这次不买，以后就没有这个折扣"了。

　　为什么人们会在饥饿营销面前显得毫无抵抗力？因为当某个物品变得匮乏时，人们就会过高估计它的价值，从而生出渴望拥有它的愿望。

　　所以，聪明的销售人员在说服客户购买产品时，为了提升其购买欲望，常常会强调产品的稀缺性。要知道，相对于多么出众的品质来说，稀缺性通常对客户有着更强的吸引力。因为大多人都有这样一种心理：不能轻易得到的东西才是好东西。

　　人类对于失去某件东西的感知强度要远大于得到某件东西，当你在说服的过程中暗示了"稀缺性",对方就会产生"哇,如果把握不住这次,下次就没有机会了"。在对方的脑海中,把错过这次机会和痛苦的感受建立起联系,那么说服的几率就会大增。也就是说,暗示"稀缺性",是为了强化"错过这次机会"的痛苦,以此增强说服的几率。这是销售人员常用的一种营销逻辑。

当对方越是喜欢一样东西,你越要强调对方有可能失去它,这种"可能失去"在人们的决策过程中发挥着重要作用。实际上,害怕失去某种东西的想法比希望得到同等价值东西的想法对人们的激励作用更大。例如,有些人为了说服老年人购买保健品时,经常会说:"现在正在搞活动,买一送二,超级实惠,错过今天的活动,还要再等一年。"这种说辞就比你服用了这个牌子的保健品会得到什么更有说服力,因为这个"机会"太稀缺,一年才一次!实际上,这样的活动每天都在搞,完全是一种说服策略。

不止是销售,可以说,这种策略在生活中随处可见。

前几年国家将铁道部改名为铁路总公司,消息一经宣布,铁道部门口每天会有好多人驻足,这些人前来不为别的,只为站在"中华人民共和国铁道部"这块牌子旁边拍个照片——这块牌子不久就要被摘走了,再不拍就没机会了。

在一块牌子旁边拍照,并没有什么价值,但机会稀缺,给这件事儿赋予了价值,机会越是稀缺,价值显得越高。

一旦发现某件东西变得稀缺,人们内心的渴望就被激活,促使人们采取行动——面对稀缺的这一模式化自动反应,就成了影响或者支配别人的一种策略。

物以稀为贵,倘若一样东西因为瑕疵而变得稀缺,它也能从垃圾化身为宝贝——错版的纸币价值远超正常纸币的价值,就是一个很好的例子。

饥饿营销、数量有限、截止日期、错过这一天还要等一年，都是在利用稀缺原理来说服，甚至支配别人。其效果大多数人都感受过——即便你没有中招，但也会给你造成心理压力，迫使你尽快做出选择。

在说服时，当对方表现得似是而非，立场模棱两可时，尤其管用——一旦他们发现机会变得稀缺，伸手抓住机会是他们本能的选择。小伙子和大姑娘相处，面对小伙子的追求，大姑娘一直犹犹豫豫，这时候小伙子可以制造一次稀缺。例如"过些日子我就要离开这个地方了"，"我工作要调动了，以后见面的机会更少了"，往往能收到意想不到的效果……

简而言之，使用稀缺原理，就是要设法让对方觉得机会稀少，激活对方面对稀缺时的模式化自动反应——渴望得到、采取行动。

猎奇原理："新奇特"是最好的推销术

　　中国的京剧，在几百年中都没有得到推广，但是，自从皇宫里请了戏班之后，京剧马上在全国流传开来。在这里，人们表现出来的就是一种猎奇心理，即认为昂贵的、不可轻易获得的东西，必定是好东西。

　　在人的天性中，有一种对陌生事物的排斥心理，即不敢接受新事物，害怕它会给自己造成伤害。而人的天性中，又有一种对昂贵的、新奇的物品的渴求的心理。并且，越是昂贵越是稀奇的东西，就越能引起人们的占有欲。

　　因此，当你试图使别人接受一些新思想、新事物时，千万不要光靠演说来达到自己的目的，因为无论你把它说得怎么好，也无法打动对方的心。这时，你激发对方的猎奇心理，进行变相说服。在法国，一位农学家就是通过这种方式，成功地使土豆的种植得到了推广。

　　这位法国农学家在其他的国家吃过土豆后，觉得非常好，便想在法国推广种植。但是，他越是热心地宣传，农民就越不相信。并且，医生认为土豆会对人们的健康造成危害，其他的农学家则认为种植土豆会使土地变得贫瘠。

经过苦思冥想，这位农学家终于想出了一个好办法。他恳求国王许可，在一块出了名的低产田里种植土豆，并由一支国王的卫兵专门看守。之后，农学家公开声明，任何人都不准私自接近这块土地，更不准挖掘其中的土豆。但是，这些士兵只在白天看守，晚上全部撤走。

于是，受不住诱惑的人们，纷纷在晚上前来挖掘土豆，并把它栽进自己的园子里，像宝贝一样对待。这样没过多长时间，土豆便在法国推广开了。

在这个故事中，农学家起初是用劝告的方式来说服人们的，但没有成功。因为对于新事物，人们普遍怀有一种敌视心理，因此，不管农学家如何说土豆好，人们就是不信。在这种方式宣告失败后，农学家灵机一动，有了主意。

土豆让皇家种植，并由国王派卫兵亲自看守，这样就使人们相信，这种东西是贵重物品，不是轻易可以获得的。而东西越是贵重、越是难得，人们的占有欲就会越强。所以，很多人趁着天黑将土豆偷走。而这，正中了农学家的下怀。人们把土豆偷回家后，亲自种植，收获时又亲自品尝，确信有益无害，土豆的种植也就自然而然地在法国传播开了。在这一故事中，农学家很巧妙地利用了人们的猎奇心理，达到了自己的目的。

每个人都有猎奇心理，推销一种观点，或是说服别人做出某反应时，你告诉他这样做会如何如何，或者说，按照你的方法去做，会如何的有意思，会有怎么不一样的体验，那他就会产生一种尝试的冲动。比如，你对某个从不玩游戏的朋友说："这个游戏很好玩，你要不要试一试。"对方不会有一点兴趣，你若说："这个游戏特别奇怪……好多朋友都这么觉得。"那对方会出于好奇，可能会尝试去玩几局。

强调一件事、一个东西很有趣，很奇特，会调动对方的好奇心，在这个基础上，再进行适当的引导，会使说服变得更容易些。所以，在你试图推销自己的新观点，或者说服人们接受一种新事物时，可以利用一下人们的猎奇心理。

面子原理：说服就是过"面子关"

　　说服的目的是让别人主动接受自己的想法，因此需要对方发自内心的配合，倘若在说服的过程中不顾及对方的颜面，那么，即使你占了一个"理"字，别人也很难心悦诚服地与你合作。说服一个人最好的结果，是让对方心情愉悦地接受我们的逻辑，而不是迫于压力而不得不接受。

　　不管说服对方做什么，要对方点头同意，必须要先过面子关。中国人讲究面子，没面子，或是面子不够，让别人同意你的观点与要求，是一件很困难的事。反之，有面子，让对方点头同意，只是几句话的事儿。

　　所以，在说服时，一定要讲面子，不但要多给对方面子，也要让自己说出的话有面子，这即所谓的"面子原理"。它是说服的重要技巧，也是说服成功的重要保证。

　　一个人无论身份地位如何，都有自尊心，没有人愿意和一个让自己丢了面子的人合作。说到底，说服的过程其实就是双方在思想与感情上相互交流、相互磨合、相互认同的过程。你对我越是尊重，我也越会百般重视并认真权衡你的想法与意见；反之，如果你只顾着逞口舌之快，根本不顾及我的面子与尊严，那么，我也没必要尊重你，即便你占一个理字，我也不愿意买你的账，如此一来，莫谈说服，恐怕正常的交流都困难了。

有一家公司刚接到一个新项目，部门经理把这个任务交给了手下的一个骨干员工。员工一天一夜没合眼，终于制作出了一套方案，立即赶到部门经理那里去汇报，不料部门经理只是略微扫了几眼，就一脸不满意，数落道："你看看你做的什么方案？毛病那么多，根本没法看，赶快拿回去改，要快，整个公司等你一个人！"员工一夜未睡，听了这话自然火大，但还是压抑着心中的怒火，问道："请问哪里需要修改？"经理瞪了他一眼，大声道："哪里需要修改？你自己不会想啊，都问我要你做什么？真是脑袋进水了。"员工有些激动，将方案往经理的办公桌上一扔："我脑袋进水，您聪明，这案子您自己做吧！"

两个人就此大吵起来，最后闹到了总经理那里。总经理拿过方案，认认真真地看了两遍，又拿笔在方案书上写写画画了几处，对那位员工说："你的方案思路是对的，重点也抓得不错，并且很有创意，要说不足嘛，主要是细节做得还不太到位，有几个问题我已经给你标出来了。有一个问题我不得不说你啊，你是老员工了，经理批评一下就撂挑子，这哪能行，咱们是骨干员工，就得有骨干员工的气度嘛。好了，我知道你为这方案熬了一天一宿，先回家休息一下，然后集中精力将这几处改一改，你看行吗？"总经理一席话，让这位员工心里暖烘烘的，他当即承认了错误，并且都顾不上休息，立刻按照老总提的几点建议着手修改方案。经过改动后，这份方案书被老总一字不改地采纳了。

在这个故事中，员工和部门经理的矛盾就在于，部门经理不顾员工的颜面，非但否定了员工的劳动成果，还侵犯了员工的尊严，受到这样的对待，也难怪员工要"撂挑子"了。而总经理则是在充分肯定员工的基础上，指出了他的不足之处，让员工感觉自己受到了应有的尊重，也就很愿意承认错误，继续工作，并且努力把工作做得更好。

说服不是辩论，不需要唇枪舌剑、针锋相对、得理不饶人，更不是非要把对方驳得颜面扫地、哑口无言不可。说服的最高境界是让人发自内心地接受我们的话，丝毫不觉得被侵犯、被挫败，简言之就是心服口服。要让人心服口服，有理有据不够，更重要的是，要懂得尊重人、关心人、包容人，顾全他人的面子与感受，只有这样，他人才会投桃报李，给我们想要的结果。

权威原理：人微言轻，人贵言重

现实生活中，人们普遍有一种"权威崇拜"的意识和习惯，觉得权威人物说的和做的就是正确的，服从他们会让自己获得安全感，增加说话办事的"保险系数"。也就是说，大多数人总认为权威人物的要求往往与社会规范是一致的，只要按照权威人物的要求去做，总没错。在这种心理作用下，就诞生了无处不在的权威效应——一个人的地位越高，越有威信，越受人敬重，他说话做事，就会越有说服力，也就越引起大家的重视。

有位美国心理学家做了一个实验，他把一位外校的德语教授请到学校，给心理学系的学生们讲课，说"这是从德国来的著名化学家"。然后，这位"化学家"装模作样地拿出一个装着蒸馏水的瓶子，说"这是他新发现的一种有气味的化学物质"，让学生们闻，谁闻到了就举手。结果呢，大多数学生都把手举了起来。

由于这位心理学家的语言暗示，在"权威"面前，多数学生选择了跟从和认同，即便一点气味没闻到，他们也认为"应该是有气味的，只是自己的鼻子有问题，暂时没有闻到"。而在另一堂课上，当介绍这瓶水的老师换成了一位"普通老师"时，就不再有学生举手了。即便有人闻到微弱的气味，也不相信面前这位普通人真的发现了一种新物质。

这就是权威效应。同样一句话、一件事，因为人的地位不同，而对大家产生的说服力度就不同。"人微言轻，人贵言重"，其中的差别就是人的地位导致威信的不同，使得他们说的话和做的事，具备截然不同的权威。

在现实生活中，权威原理在说服中的应用主要体现在两个方面：

1. 借包装彰显权威

权威是可以包装出来的。为了利用权威在影响或者支配别人方面带来的便利，我们经常会发现这样一种现象：一些人会设法把自己包装成很权威的样子。如，销售公司为每个员工冠上"总监""经理"等头衔，厂商请来专家为他们的产品站台，等等。再如，当某某专家在进行讲座之前，往往会有主持人去介绍专家的各种头衔。而这些头衔就会快速在听众的心中树立起一种权威的感觉，从而让听众更加容易接受专家的观点。即使在平时的商务活动中，我们总是要穿得正式一点，或者开一辆体面的汽车，以提高自己的权威形象。有位年轻人刚创业时，本着实用的原则买了一辆十来万的车，并经常去接客户。不知道为什么，他总是很难和客户建立信任感，生意经常容易谈不成。后来，他下狠心换了一辆四十多万的车，客户对他的态度也因此发生了微妙的变化，对他也更加敬重了。在这个故事中，汽车是身份的一个标志，会影响到权威的建立。

简而言之，要通过权威说服别人，就是要激活对方畏惧和服从权威的本能，让对方自动退化成在权威面前毫无反抗能力的小绵羊。

2. 借权力树立权威

在职场，领导说的话往往就是真理，就是正确的。一件事可行不可行，同样的观点，从同事的嘴里和领导那里听到，人们的认同度是完全不一样的。所以，聪明的领导会利用"权威效应"去引导和改变下属的工作态度以及行为，这比命令的效果要更好。因此，一个优秀的领导，最重要的是自己的权威，其次才是驭人。在职场之中，权威的引导永远比强硬的命令有效。

　　再就是，开会的时候，最后发言的大多是掌握大局的。经过一番争论，领导就需要最后发言定乾坤。而且，最后发言的机会也是最好的，因为前面人的观点再对，也不能面面俱到，领导只要完善一下前面的观点，就可以体现出自己的优秀了，讲出的话自然无可辩驳。

从众原理：都说对，总错不了

在判断何为正确的时候，我们往往会根据别人的意见行事。也就是说，我们会认为，别人都在做的事情，肯定错不了。因为在这个世界上，大部分都爱模仿别人，因为大多数人都有一种从众心理。

从众心理就是指人受到外界人群行为的影响，而让自己的知觉、判断、认识上表现出符合于公众舆论或多数人的行为方式。实验表明只有很少的人能保持独立性，所以从众心理是个体普遍具有的心理现象。因此，只要你摸透了人们的从众心理，你就可以轻松地说服别人。

有项实验研究发现，在滑稽的电视节目当中加入搞笑的音效之后，会让观众在看节目的时候笑得更加频繁，并且会认为节目更加有趣。还有证据表明，即使是一些看似糟糕的笑话，如果刻意加入笑声背景音，也会引人发笑。

这就给我们一个启示：如果想要说服某个人接受你的观点，或是做出某项行动，可以先向对方传达"已经有很多人做出某项行动"这一信息。最常见的一个例子就是，在吸引消费者方面，商家"宣传自己的产品销量很大"会比"宣传自己的产品质量很好"更加有效。因为销量大就意味着已经有很多人购买了这种商品，在从众原理的作用下，人们就更加容易发生购买行为。例如，某奶茶的广告语是：一年可以卖出三亿杯，杯子连起来可以绕地球一圈。

俞敏洪在刚刚创办新东方的时候，并没有多少人愿意报名。于是俞敏洪想了一个办法，先在报名表上"伪造了"几个人的名单，这就向围观的人传递了一种信息：已经有不少人选择了到新东方学习。在社会认同原则的作用下，部分围观的人终于变成了前来报名学习的人。

我们在说服别人的过程中，可以利用从众心理，用被说服者身边的人来影响对方，如可以列举出对方身边人的态度以及行为，增强自己的说服力。不过，如果要想利用从众心理来说服对方，要想让别人遵从你的意愿，帮你实现某些需求，你必须做好三件事：

第一，要有一个正确的目标。无论你是想要推销自己的产品，还是与对方洽谈合作，你始终要目标明确，知道自己在干什么。如果你的思想总是受到别人的牵引，那么你不但会偏离自己的目标，还有可能成为被人利用的"顺从者"。

第二，有强烈的自信。如果你怀着自信，抱着全力以赴达到目标的想法，那么事情就会顺着你所想的发展下去。真诚的微笑，会让对方感觉你是一个自信的人。只有你的情绪在足够积极主动的情况下，别人才更容易听从你，如果你连自己都说服不了，就别指望他人对你的想法"随从"了。比如你想向他人推销产品，如果你没有自信，或者自己都不喜欢这些产品，那怎么去说服别人呢？

第三，告诉对方别人也在做。无论在怎样的场景下，这句话是一定要强调的。"这家健身房里经常有明星出入"，"这类保险可是许多明星为自己购买的唯一一份保险"，"这类玩具在世面上快要卖疯了，几乎所有的孩子都人手一款"，不要小瞧这简单的一句话，就是这一句话，它会在关键时刻改变一个人的主意。从经济学的角度来看，从众能使人获得某种报酬。从众效益的最大化心理也会为自己的工作带来帮助。

利用从众心理就是让对方跟随你，听从你。但这种跟随并不是强迫别人，也不是蛊惑别人，而是利用一种巧妙的手段让对方不由自主地对你，或你的观点、服务、产品等产生兴趣。

互惠原理：先有利，才有"理"

在这个世界上，没有什么比共同利益更能打动人心的了，共同利益是说服的敲门砖，我们可以用它叩开对方紧闭的大门。就如国际关系史上摩根索的著名言论："没有永远的敌人，没有永远的朋友，只有永远的利益。"共同的利益能排除隔阂和成见，使截然不同的双方走到一起。我们准备说服一个人或者团体，只要找到双方的共同利益，也就找到一个用之不竭的源泉，一个打动对方内心的话题。

共同的利益，既包括共同的前景，也包括共同的危险。在实际运用中，有的利益关系是一目了然的，这样的情形很容易展开说服，只要向对方坦白"合则双赢，分则两害"就可以了。

有这样一则故事，讲的正是这个道理。

一个牧场主养了许多羊，他的邻居是个猎户，院子里养了一群凶猛的猎狗。这些猎狗经常跳过栅栏，袭击牧场里的小羊羔。牧场主几次请邻居把狗关好，但猎户不以为然，口头上答应，可没过几天，他家的猎狗又跳进牧场横冲直撞，咬伤了好几只小羊。

忍无可忍的牧场主找镇上的法官评理。听了他的控诉，明理的法官说："我可以处罚那个猎户，也可以发布法令让他把狗锁起来。但这样一来你就失去了一个朋友，多了一个敌人。你是愿意和敌人做邻居呢？还是和朋友做邻居？"

"当然是和朋友做邻居！"牧场主说。"那好，我给你出个主意。按我说的去做，不但可以保证你的羊群不再受骚扰，还会为你赢得一个好的邻居。"法官如此这般地交代了一番，牧场主连连称是。一到家，牧场主就按法官说的挑选了三只最可爱的小羊羔，送给猎户的三个儿子。看到洁白温顺的小羊，孩子们如获至宝，每天放学都要在院子里和小羊羔玩耍嬉戏。因为怕猎狗伤害到孩子们的小羊，猎户做了个大铁笼，把狗结结实实地锁了起来。从此，牧场主的羊群再也没有受到骚扰。

为了答谢牧场主的好意，猎户开始送各种野味给他，牧场主也不时送羊肉和奶酪回赠猎户，渐渐地两人成了好朋友。

要说服一个人，最好的办法是为他着想，让他也能从中受益。这即所谓的互惠原理。在日常生活中，或是商务活动中，要想用互惠原理说服别人，一定要做好这几个方面的工作：

1. 强调双方互惠关系

尤其是在商务活动中，要想说服你的伙伴、客户，一定要强调互惠关系。如，在相同的领域，我们可以强调双方的共同前景，而在不同的领域，可以谈论双方的互补关系。对于双方显而易见的利益，仅仅说"我们和你们是一样的"，显然是远远不够的。通过阐明双方的共同利益，让对方警觉起来，引起对方的注意，使对方对这种共同利益感兴趣，从而被深深地吸引，这才能达到说服的目的。

2. 放大双方的利益关系

在说服当中，除了要强调双方的利益，如果有必要，还要把双方的利益关系放大。一家著名的 IT 业公司寻求国际合作时，它的谈判代表和对方说："我们将打造出一艘 IT 航空母舰。"这个"航空母舰"的说法,是一种简单鲜明的夸大。日本松下电器的创始人松下幸之助激励员工时,经常说,"我们要做日本最好的企业",这是一种雄心勃勃的夸大。夸大的共同利益有实现的可能,但是大多数是一种理想和想象。但是在说服当中,经过夸大的共同利益充满诱惑,具备一定的煽动力和吸引力,前景宽阔平坦,在夸大的言辞下,困难、曲折、危险都被遮蔽了,容易激发对方的兴趣和热情,对双方的共同利益产生迅速的认同感。

放大共同利益,不妨使用一些绝对化的语言,比如:最好的,第一的,绝对的,毋庸置疑;还可以使用一些有气势和力量的修饰方式,比如:打造航母,建立商业帝国,建立联合舰队,建立商业联盟,等等。这种说法容易使对方产生期待感,容易激发对方的勇气和信心。

3. 阐述双方共同的危机

因意见不同而产生分歧,是人际交往中不可避免的一种情况。许多时候,如果一方能够站在另一方的角度或立场,合理阐述双方共同面对的危机,便可以有效缩短彼此的心理距离,从而避免分歧,让对方转而认同你的观点。因为,与共同利益相比,共同危机更能引起对方注意,产生同病相怜的认同感。

刘阿姨今年 55 岁,离休后,在一家保险公司兼职推销保险。做了一年多,业绩越来越好,后来,她摸索出了一个规律:向一些中老年朋友推销保险,一定要把好"共同危机"这根弦。

她经常会对客户说:"现在年轻人活得都很累,咱们不能再给孩子们增加负担啦。你看,人上了年纪,各种毛病都上身了,我和你一样,也是血脂高、血压高……每年要往医院跑好多次……给孩子们添麻烦不说,花钱如流水啊……"

当获得对方的认同后，她会非常真诚地说："像咱们这把年纪，一定要照顾好自己的身体，而且要让自己有一个好的保障，过好自己的晚年生活。"

当别人问什么是"好的保障"，她会顺势说，好的保障，就是让子女省心，让自己省钱，让看病省事……每个月只需要50元。结果，不少人听她这么一说，就会买入一份保险。

在这个故事中，刘阿姨之所以能够说服许多人买保险，就是因为她紧紧抓住了与中老年人切身相关的健康危机这个点。在此基础上，再阐述自己"买保险好处多多"这个观点，大家更容易接受。

当然，在使用这种方法时，首先要理清危机与双方的关系。如果这种危机与对方没有一点关系，或者仅仅是为了解决你的困境，而要求对方答应你的要求，或是接受你的观点，就没有多少说服力。其次，要制造一种紧迫感。并不紧迫的，或是与对方关系并不大的危机，往往很难引起对方的注意。再次，态度要坦诚。向对方说明双方的共同危机时，态度必须真诚，而且讲的方法一定要有可行性。

人们常说："人生，就是不间断的说服与被说服。"在现实生活中，我们会遇到各种性格的人，在说服过程中，要避免把自己的观点强加于人，只有以利开道，以理服人，才能产生皆大欢喜的场面。

得失原理：晓以利害得失，人心不攻自破

在失与得的态度上，大多数人对损失的关注往往大于所得。中国语言里有个成语叫"敝帚自珍"，还有一句俗话叫"金窝银窝不如自己的草窝"，这种现象的背后体现的就是"得失原理"。出于与生俱来的排他性，人们通常会对自己拥有的东西倾注一定的情感，对它的评价也会高于其他同类事物，所以在失去它的时候往往会感到格外痛苦。

这一原理在非常注重说服的营销行业中应用得非常广，最典型的例子就是"体验式营销"。比如一些大型电器的商家会推出"产品试用"的活动，允许用户把产品带回家试用一段时间，在试用的过程中，用户就会无形中产生拥有了该产品的潜在心理，不愿再失去它，于是大多数人会掏钱买下该产品。

再如，上聚美优品买的化妆品，哪怕用掉一半，7天之内也可以无理由退换。上京东买的 iPhone6s，如果买回来发现有问题，7天之内打个电话也可以退掉。在新东方报了"四级包过班"的课程，要是最后四级没过的话，可以重新免费学习或者退费。以上几个例子，很显然对于说服用户来购买自己的产品和课程极有帮助，因为他们把原本需要消费者承担的风险转嫁到了自己身上。不管这个风险是：买错了化妆品，iPhone 不好用，还是四级过不了白花钱。

曾经有一家创业公司招人，有一个学历不高，能力也一般的小伙子来应聘。一面试，老板发现确实也不太合适，不过最后还是决

定录用他，原因是，他在面试最后说了这样一段话："我可以免费为公司打工两周（不签合同），要是您觉得我不合适，直接开掉我就可以了，也不用付我工资。要是觉得我合适，我们再签合同；再按正常流程走。"

这位小伙子之所以说服老板聘用自己，用的就是得失原理。所以当你下一次请求领导给你加薪时，可以顺带说一句"要是我下一个季度 kpi 没达标，老板可以把薪水给我降回到原来的水平"。如此，把加薪之后自己工资绩效没有增长的风险转嫁到自己头上。

再如，当你对女神表白无果，或是女神犹豫不决的时候，如果顺带说一句"你也不要有太大压力，不一定是要马上成为男女朋友，我们可以慢慢地正常相处。要是你觉得不合适，我们重新回到普通朋友的关系也没什么"。这样一来可以避开"男女朋友 / 普通朋友"的二选一抉择，而是用一个折中选择代替，把女神害怕答应你之后又发现不合适的风险降到最低。

运用得失原理的时候，除了学会让风险逆转，还可以强调对方的所失大于所得，这会给对方极大的震撼力。在中国历史上，苏秦游说西周君时，苏秦说如果西周君不给东周放水就会失去控制东周的资本，西周君立即接受了苏秦的建议。在这个故事中，苏秦之所以能用得失原理说服对方，就是放大了对方担心的问题，直至把问题扩大为"灾难性的后果"。

人们之所以难以被说服，很大程度上是因为他们害怕承担错误决策的成本。而当你把风险从说服对象那里转移给自己，或者是承担一部分之后，整个说服成功的几率就会大增。

第三章

与对方的逻辑保持一个频道

　　说话虽然由讲者控制，但效果却是由听者决定的。因此在和别人讲话的时候，一定要"读懂"对方的逻辑，与其保持在一个频道上，防止出现错位沟通。

明确彼此身份，定位双方关系

在每一场"说服战"中，我们都必须弄清楚这四个要素：你是谁，你在说什么，你说的和他有什么关系，别人为什么相信你，——这是打好每场战斗的关键。

这里要强调的是，身份和关系是基础，你必须在这三秒钟里，调动起自己的一切感知能力，来进行定位。如果你在海上航行，那么身份和关系，就是你的两支船桨，利用得好，航行才会顺利。

身份，即你的身份和说服对象的身份，而关系自然是你和说服对象之间的关系。这个定位看似简单，但把握起来却不容易。因为这个定位并非一成不变，它会随着环境的改变而变化的。

有这样一个故事：

一个乞丐在地铁出口卖铅笔。这时过来了一位富商，他向乞丐的破瓷碗里投入了几枚硬币便匆匆离去。过了一会儿，商人又返回来取铅笔，同时他觉得有必说些什么，于是他对乞丐说："对不起，我忘了拿铅笔，我们都是商人。"乞丐感到很惊讶，问："我是商人？"

富商说："你就是一个商人，你难道不知你在做买卖吗？"

从此，这位乞丐有了新的定位，还真的做起买卖来了。

几年后，这位商人参加一次高级酒会，一位衣冠楚楚的先生向他敬酒致谢并告知说，他就是当初卖铅笔的乞丐。

故事中的乞丐就是不知自己的定位，才沦为一个乞丐，当他知道自己是一个商人时候，他就朝商人这个方向努力了。说服别人也是如此，如果你不知道别人是什么样的背景，你对他的说服就显得很盲目。

在现实生活中，说服别人，一定要先明确彼此的身份，定位好双方的关系，这样，才能知道哪些话该说，哪些话不该说，哪些话说了对方会听，哪些话对方会反感。

比如，一位母亲想说服自己的孩子认真学习，于是和孩子展开了一场"说服战"。那么，在这场战斗中，她如何定位自己的身份？又如何定位孩子的身份呢？两者之间的关系又是怎样的？

很多家长习惯把自己定位为"严母"，把孩子定位为"不听话的孩子"，把两者之间的关系定位为"教育者"和"受教育者"。

结果呢？一场硝烟弥漫的"说服战"下来，心力交瘁的母亲没有达到预期的效果，逆反心理也使得孩子更加厌恶学习。我们能怪母亲太严厉吗？能因为孩子不听话而生气吗？似乎都不能！错只错在，在这场"说服战"中，母亲没有做好定位，就是对她和孩子的身份、关系的定位。

这其实一点儿也不难，母亲和孩子朝夕相处，根本不需要再用三秒钟来做第一级定位，因为她早就知道孩子喜欢什么，想要什么。她其实可以把自己的身份定位为孩子的朋友，把两者之间的关系定位为"朋友"，以敞开心扉的姿态去和孩子沟通交流。这样效果会不会更好一些？最终会有什么样的结果，我们不敢确定，但毫无疑问，这不会让孩子反感，进而产生逆反心理。那么要说服孩子，自然也容易得多。

再比如，你是一个业务员，如何去说服一个客户购买自己的产品呢？

　　首先要做好定位，也就是身份、关系的定位。你是谁？卖产品的吗？客户是谁？买东西的吗？如果你这样定位，那么将很难说服客户。在见到客户时，你要在第一时间根据你所掌握的资料，给客户做一个定位。

　　如果你发觉客户对产品不感兴趣，那么你可以以朋友的身份同客户交流；如果你发现客户对产品的实用性更关注，那么你可以以专家的身份向客户介绍产品的好处……总而言之，在和说服对象交流之前，你一定要根据自己掌握的信息，迅速做出判断，进行定位，而不是一成不变地永远站在同一个位置。业务员如果永远只站在卖东西的位置上，那么将很难说服客户购买自己的产品。

　　所以，只有搞清楚了双方的身份，才能把双方的关系搞好，才能防止错位沟通，让说服变得更容易。

消除差异点带来的沟通障碍

俗话说：道不同，不相与谋。和与自己观点、思维逻辑不一样的人交流是非常困难的。在说服当中，如果双方鲜有共同点，那彼此之间的距离感很难消除，而且在交流过程中，也容易形成心理隔阂，并且会产生一些障碍。

据清末野史记载，有一位湖南士人屡试不第，无奈之下，只好千里迢迢来到京城，拜会晚清名臣曾国藩，希望凭借同乡之谊，以及自己的才学，在曾国藩的幕府谋一份差事。曾国藩向来有礼贤下士的好名声，这次也不例外，对这位同乡热情接待，双方聊得非常投机。酒酣耳热之间，这位士子忍不住大发议论，抨击起曾国藩对古诗文的态度，曾国藩虽然不说什么，但是心里却很不愉快。

酒过三巡之后，乘着酒兴，这位士子又提及自己来京城的用意，希望得到曾国藩的提携。曾国藩本来以清廉刚正自诩，这几句话恰好犯了他的忌讳。这位湖南同乡尽管并非一无是处，曾国藩最终还是没能帮上他的忙，送了一笔银子打发他回家了事。

在这个故事中，这位湖南同乡对双方存在的差异点缺少了解，不仅没有能巧妙利用，反而使差异点成了说服的障碍，导致了说服的全盘失败。

人和人之间总有各种各样的差异，差异无处不在，形成各种复杂纠结的矛盾。在说服当中，我们应该巧妙利用，妥善化解双方充满差异的环节，消除不利于说话的内容，甚至使不利的因素向有利的方向转化。具体而言，在说服过程中，差异点主要可以分为以下几种：

第一，背景、身份的不同。不同的背景、身份会造成两个人在对话时的心理接受上的微妙差异，同样的话，来自上级还是下级，来自官员还是平民，来自学者还是来自普通人，所产生的表达效果会很不相同。因此，在说服当中，根据我们的身份和自我定位，对与自己有身份背景差异的对象进行说服时，我们要注意选择适合这种身份和关系的语气和措辞，尽量使对方容易理解，容易接受。比如对上司进行说服，我们应该选择建议和信息的语气，既维护了对方的体面和尊严，又能使对方乐于倾听我们的表达；如果我们面对的是下级和晚辈，我们的语言不妨温和、亲切一点，这样能显示我们对下属的关心和爱护，我们的语言也易于使对方接受。

第二，双方目的的差异。在说服当中，双方的目的可能南辕北辙，利益也不尽相同，似乎永远走不到一起。在这种情况下，最好的解决方式，是在不同当中寻找共同点，最终使目的迥然不同的双方进入相同的轨道。二次世界大战期间，经过艰难的谈判，意识形态互相对立，互相敌视，充满不信任的英美和苏联走到了一起，形成同盟。使它们走上共同道路的原因，是因为双方不同点当中的共同点：抵抗法西斯国家的侵略和扩张。在说服当中，面对目的和利益关系都不相同的对方，我们往往能找到这样一些扭转乾坤的机会。

第三，立场、角度的不同。因为不同的立场，不同的视角，会使沟通发生困难，双方各自坚持自己的理由，谁也无法说服对方。在对持的情形当中，往往是柔和的方式能够改变局面，而强迫对方认同自己的争持不下的坚硬的方式，只会让对方越来越坚持自己的立场。因此，我们可以运用怀柔的办法，试着站在对方的立场上，试着理解对方，以对方的思路来考虑问题。俗话说"山不过来，我就过去。"为了说服的目标，既然对方不肯过来，那么我们不妨走过去。这种妥协和退步的怀柔策略，往往能改变双方的对持状态，取得立场和视角的一致。

即使对同一件事情，每个人所持的观点立场，以及思维逻辑都不尽相同，不了解对方的这些立场、逻辑，贸然"推销"自己的观点、逻辑，很容易产生正面碰撞。如果在刚开始交流时，就将双方的许多差异点坦露出来，对说服工作十分不利。所以，高明的说服者首先会隐藏自己，在了解对方的同时，再根据情况出牌，这样，就无形中消除了双方的差异点带来的交流障碍，为说服工作扫清了道路。

用尊重换来礼遇

　　聪明的人会把自己真实的想法藏在心底，就算不认同，也会对别人的观点给予足够的尊重，因为，只有尊重了对方，你才会换来应有的礼遇。

　　伟大的心理学家席勒曾说过："我们极希望获得别人的赞扬，同样，我们也极为害怕别人的指责。"渴望得到尊重是每个人共同拥有的心理。因此，就算你不认同对方的观点，也没有必要对其进行打压，因为本来看问题就可以有许多不同的角度。或许，用一个间接的方式来阐述自己的想法，会让别人更容易接受。

　　当你想说服别人时，不要直接指出他的错误，而要先尊重他的意见，再以退为进，运用一种非常巧妙的方法让他领会你的意图，而不是说："你不承认自己有错，我就证明给你看。"你这话的潜在逻辑是："我比你聪明，我要用事实来纠正你的错误。"你若是用下面的口气来说，对方就会更容易接受："好吧，让我们来探讨一下"，"我有另外一种看法"，"我的意见不一定正确，因为我也经常把事情弄错，如果我错了，我愿意改正过来。"这样说话，会让对方听得很舒服。

　　王亚丽是一家广告公司的设计师。一次，她接了一个新型产品的广告设计工作，经过对产品和市场的分析，她做出了一个广告文案。当她把文案呈给经理时，经理翻看了几页，语气随意地说:"你这个创意表现手法太过直白,显得没有内涵,你回去再改一改,注意,要含蓄一些,这样才显得上档次。"

王亚丽知道经理并没有理解自己的用意,但直接指出经理的错误又不合适,于是她诚恳地说道:"经理,您说得很对,广告寓意深刻会显得更有文化内涵,也更有美感。不过我在设计这个广告的时候就一直在想一个问题,一个新产品刚刚上市时广告的目的是什么?"经理说:"当然是抓住消费者的眼球,让消费者了解新产品。"

王亚丽穷追不舍:"您说得太对了,这个产品是新型产品,消费者对它还很不了解,所以我们这个广告就是要让消费者看了广告就能尽可能多地了解产品。"说到这儿,王亚丽停顿了一下,等待着经理的反应。经理并没有说话,显然在思考她的说法。

王亚丽知道机会来了,便继续说道:"用含蓄的表现手法确实会让广告更有美感,但如果消费者对这个产品还一无所知,他们是很难看懂这么含蓄的广告的,也体味不到其中的寓意。我认为,现阶段我们可以先采用直接的广告表现手法,让消费者迅速了解到新产品的特性,印象也更为深刻。不用担心广告不够吸引人,因为我们这个产品本身就是个很好的卖点。等到以后市场打开了,消费者对这个产品比较熟悉了,我们再采用含蓄的表现手法来提升文化内涵。"

见经理认真地听着,王亚丽接着说道:"当然,这仅是我个人不成熟的观点,说得不对的地方还请经理指正。"

经理见王亚丽态度毕恭毕敬,说得又确实在理,对王亚丽非常欣赏,准备重点培养她。两年后,经过更多历练王亚丽成了部门负责人。

我们都曾有过这样的体会：当我们阐述了自己的观点后，一旦遭到全盘否定，我们的自尊心理往往促使我们采取强硬的反抗。这种心理反应会极大地阻碍交谈的顺利进行。因此，无论在什么情况下，你都应当尽可能避免对方出现上述心理活动。

相反，我们提出自己的意见后，一旦受到他人的赞同，我们会感觉非常快乐，这种兴奋感会给人带来情感上的亲善体验和理智上的满足体验。这种体验一旦发生，就会有利于纠纷的调解，使争执双方的意见达成一致。即使对方的意见与我们不完全相同，但倘若我们感受到了他的尊重，那么接受其他的意见也会容易得多。

因此，在不同意对方的看法时，也应该先说"是的"，对他的说法表示理解和尊重，创造一种较为融洽的谈判气氛，缩短双方之间的心理距离，然后再讲"但是"。由于你对对手的某些看法大加赞赏，对手自动地停止了自己的讲话，含着笑、点着头关注地欣赏别人对自己观点的肯定。这时，在他眼里，你与他是站在一起的，对立不存在了，尽管你也在赞扬的意见后表达了不同意见，那也好商量了。

下面让我们看一下直截了当地指出对方的错误，会带来什么样的结果。

　　库珀先生是纽约市的一个年轻律师，他才华出众，同时也有些自负。前不久，在联邦最高法院审理一起重大案件中，他为涉嫌违法的嫌疑人辩护。法庭上，一名法官对库珀先生说："根据军舰制造厂限制条款，你的当事人应判 6 年刑，难道量刑不当吗？"库珀先生停下来，看了法官一眼，直截了当地说："尊敬的法官大人，这种条款是不存在的。"

这场官司最终以库珀先生和他当事人的败诉而告终。事后，库珀先生回忆起他当庭指出法官错误时的情形："整个法庭鸦雀无声，室内温度好似突然降到了零下。我是对的，法官是错的。于是我直接指出了这一点。可你想他能同意我的观点吗？不会的。但我仍然相信自己的观点是符合法律规定的。我觉得这次辩护发言比以往任何一次都成功，但就是没有说服法官。当我向这位著名学者指出他的错误时，我已经犯了辩护的大忌。"

由此可见，直接提出反对意见会招人反感，抵触情绪一旦产生，别人就再也没有心思去听你的意见。既然如此，我们何不让自己换一种方式呢？

所以，当我们需要说服一个人时，不要对他的错误表现得过于敏感，一定要证明他错了，更不要强迫别人同意你的想法，而是应当牢记一句话——对他人的意见不论对错先表示尊重。

顺对方的逻辑，说自己的理

世界上没有完全相同的两片树叶，更没有完全相同的两个人，每一个人都有其特点，更有其不同的需求。一段精妙的话，对一个人适用，却未必适用于另外一个人。一大堆外形相似的钥匙，往往只有一把可以打开对应的锁。

在某件事情上，不同的人有不同的立场，有不同的想法，有不同的处理逻辑。如果大家能想到一块儿，立场相同，观点相近，那说服对方并不困难。如果大家的立场相左，处理问题的思维逻辑也大相径庭，那你一味强调自己的逻辑，很难打破这个僵局。

说服对方，自己除了要有清晰的思维逻辑、语言逻辑，还要了解对方在某件事情上的立场、观点，以及处理问题的逻辑是什么。许多时候，只有顺着对方的逻辑说话，进行巧妙的引导，才更容易说服对方。

比如，在生活中我们都曾遇到保险推销员。许多时候，我们不买保险的逻辑是：既然保险那么好，为什么还要到处推销，而且推销的成功率又那么低？说明它并没有推销员描述的那么好，而且其中可能有猫腻，既然有猫腻，那我为什么要买？把钱存在银行不更保险么？

有些推销员不理解客户的这个逻辑，一味地强调保险的好处，而且，他越是强调这些好处，越会引发对方的抵触情绪。高明的销售人员能吃透对方的这种心理，会从对方的逻辑入手，撬开对方的心门。

晓晔是一位海外留学归来的律师，她的父亲是亿万富翁，所以从来没有考虑买一份人寿保险。

有一天，保险公司的业务员彬彬找到了她，希望她投一份保险。晓晔对她说："你的观点我明白……依你的看法，什么人才需要人寿保险呢？是不是那些每天都得工作的人，才需要人寿保险。"

听了她的话，彬彬说："你不是有一份工作吗？"

晓晔："那完全不同！我工作的原因，不是因为我需要收入！"

"那你为什么要做现在的工作呢？"

"因为我觉得用自己的钱，心里比较舒服。"

"你给我的感觉是：你是一位很有个性的人，不想依赖他人，想自力更生，有自尊并且活得很有尊严的职业女性，我说得对不对？"

晓晔表示同意。

接着彬彬说："你父亲虽然是大富翁，但和我们今天所谈的主题没有关系。我们想说的是，我们每个人如何依照自己的个性和意愿，过着很有自尊，很有尊严的生活。你那么富有，假如我每个月给你五百元，会使你更加富有吗？假如我每个月从你身上拿走五百元，会令你贫穷吗？对你有丝毫的影响吗？没有！那么好了，请你立刻把五百元交给我，让我立刻为你创造你想得到的永久性的个人自尊和尊严，好吗？"

"……"

晓晔被说服了，心甘情愿地给自己买了一份保险。

为什么彬彬寥寥几句话，就让晓晔改变了主意，转而投保呢？

很简单，是因为逻辑的力量！

晓晔老爸是大富翁，但她很有自尊，彬彬正是紧紧抓住了这一点，用简短的话说服了她，让对方知道，买保险不是买别的，买的是人的尊严。如果彬彬换一套逻辑：强调现在投保，将来会几年拿回本钱，还能获利多少，如何的划算……或许根本激不起对方的兴趣。

对待同一件事情，每个人都会为自己找一个逻辑，然后推理出自己想要的观点。所以，要改变对方的观点，就先改变他的逻辑。如果改变不了对方的逻辑，那就顺着对方的逻辑，说自己的理，让他的逻辑来变向支撑你的观点，从而在别人的逻辑里来证明自己。可见，说服不在于你有多聪明，而在于你善于引导对方得出你想要的结论。

站在对立面谈理解

如今，"如何更好地说服别人"，几乎成了我们每天都要面对的问题。我们想办法让朋友理解自己，想办法让老板接受我们的建议，想办法让客户相信我们的能力和诚意，这是一个烦琐但是充满挑战性的工作。在沟通过程中，多数人最直接的做法就是竭力展示出能够支撑自身理论的各种依据，其潜台词就是"你必须尊重我的想法"，或者"我的想法才是最正确的"。

但实际上，说服别人并不仅仅在于强化自己的观点，对他人造成压迫的声势。妄图用自己掌握的那一套"真理"去压制别人的"真理"，往往不那么现实。尤其是当双方都认为自己才是正确的那一方时，这种毫无意义的争论将会一直持续下去。

有时候，换一个角度，选择站在对方的角度和立场想问题，看看对方的观点和想法是什么，了解对方的动机和理由，并适当顺应对方的想法去做事，反而更容易减少双方的分歧和冲突。无论如何，站在他人的角度来思考，都会让我们处于一个相对安全的位置，通过某种迎合性的行为，赢得对方的尊重和信任。

人际关系学家戴尔·卡耐基由于工作繁忙，要招聘一个秘书。他在报纸上刊登了招聘信息，短短几天之内，各种求职信像雪花一样飞过来。

在阅读信件的时候，卡耐基发现了一个现象，几乎所有的信件都在讲同一件事："我很出色，我拥有丰富的工作经验，我能够处理各种各样的问题。"这些内容让他感到厌烦，他只能不断地加快阅读的速度，直到有一封信引起了他的兴趣。信中的内容是这样的：

"尊敬的卡耐基先生，我知道您现在一定很忙，非常需要一个助手来帮您整理信件。我有过几年助理的工作经验，因此非常乐意为您效劳。"

卡耐基当即决定，聘用写下这封信的那个女人。

为什么在许多应聘者中，这个女人会脱颖而出呢？原因就在于她没有从自己的角度来看待这件事，并没有从自身的能力来谈论工作是否适合自己。其他人渴望获得这份工作的理由是"我有这样的需求和能力"，而这个女人的理由却是"老板有这样的需求，而我有能力满足这种需求"，这才是她成功突围的关键。

这不只是对工作的一种理解，也是对老板的一种理解，这种发自内心地理解对方，即使在今天的职场，也是非常难能可贵的。

微创（中国）董事长唐骏当年在微软公司工作的时候，虽然在学历、能力、背景方面并没有优势，但是他深受上级领导的信任和喜爱，而且他的一些建议经常会被采纳。

多年以后，唐骏离开微软，他在自传中提到让领导"服气"的方法，就是尽量站在领导的立场说话和做事。比如，在工作中，上级领导经常要求职员制订一份详细的工作计划，很多人会在第二天交上这份计划，而唐骏不仅会呈交一份计划书，还会提出各种反对意见和可行性方案。他知道领导一定会从这些方面来考量这些计划书，所以他干脆自己制作了这些可行性方案，为领导排忧解难。

在平时的谈话中，唐骏几乎很少胡乱发言，他总是会事先试探领导的想法和意见，想办法去进行设想："如果是领导，他们会怎么去想，会怎样去解决这些问题。"

正因为他总是站在领导的立场上说话，所以他的一些观点总能够赢得领导的认可。

多年以来，很多人都抨击微软公司内部沟通存在很大问题，管理缺乏人性，管理者有些独裁，根本听不进别人的意见。这些问题在唐骏身上并没有出现过，很显然这是一个沟通方式的问题。

很多时候，我们应该勇于表达自己的想法和观点，但这并不意味我们总是需要利用自己的观点来说服别人。一旦双方存在分歧或者冲突，必须做出调整，必须站在对方的立场上想问题，多听听对方说了些什么，然后表态："我觉得你的想法很有趣。"即便你认为对方的观点是错的，有失偏颇，也不要急匆匆地去反驳，而要说"虽然我不大明白，但我会试着从你的角度去想一想的"，这种说话方式，不仅得体，且不易引起对方的反感。

总而言之，每一个表达者都应该向对方表示这样一种态度：我理解并尊重任何人的想法。在很多时候，设身处地地为他人着想，这是消除隔阂、拉近彼此关系，并且最终说服对方的一个前提。

想钓到鱼，就要像鱼一样思考

许多人小时候都玩过一种游戏：两腿叉开，头向下从两腿之间往后看过去，本来习以为常的乡间景色便有了新意，让人百玩不厌。现在，我们从这个游戏中可以发现这样一个简单的道理：换位思考。

换位思考就是完全转换到对方的角度思考，从而更理解人、宽容人，就是要求在观察处理问题，做思想工作的过程中，把自己摆放在对方的角度，对事物进行再认识、再把握，以便得到更准确的判断，说出的话也才能真正说到别人的心窝里。

常言道，巧辩不如攻心。说服一个人，光有嘴皮子功夫是不够的，只有设身处地，以心交心，才能又快又准地达到说服的目的。

很多人说话有一个习惯，就是不太顾虑别人的想法、观念，认为只要用正确的言语传达自己的意思就行了。其实所谓正确与否，并非说话者单方面就能决定的。如果我们在说话之前忽视了听话者的心理和反应，无论如何慎重地斟酌词句，依然会产生料想不到的差错和误解。所以必须在语言上下功夫，说话时不忘换位思考，力求使说的每句话对方肯听、爱听，打动他的心灵，这样才能提升语言的说服力。

有一次，陶行知先生看到男生王友用泥块砸自己班的男同学，当即阻止了他，并令他放学时到校长室去。

放学后，陶行知来到校长室，王友已经等在门口准备挨训了。可一见面，陶行知却掏出一块糖果送给他，并说："这是给你的，因为你按时来到这里，而我却迟到了。"王友惊疑地接过糖果。随之，陶行知又掏出一块糖果放到他手里，说："这块糖果也是奖给你的，因为我不让你再打人时，你立即就住手了，这说明你尊重我，我应该奖励你。"王友更惊疑了，他眼睛睁得大大的。

陶行知又掏出第三块糖果塞到王友手里，说："我调查过了，你用泥砸那些男生，是因为他们不守游戏规则，欺负女生；你砸他们，说明你很正直善良，有跟坏人做斗争的勇气，应该奖励你啊！"王友感动极了，他流着眼泪后悔地说道："陶……陶校长，你……你打我两下吧！我错了，我砸的不是坏人，而是自己的同学呀！"

陶行知满意地笑了，他随即掏出第四块糖果递过去，说："为你正确地认识错误，我再奖给你一块糖果，可惜我只有这一块糖果了，我的糖果用完了，我看我们的谈话也该完了吧！"说完就走出了校长室。

处于逆反时期的青少年，面对无视尊严的训斥，只会产生反抗心理，把老师当成敌人。陶行知先生不忘换位思考，谆谆教诲中，既盈满爱心，又不忘尊重，尤其是用四颗糖果收服了一颗迷失的心，充满创意，达到了目的。

可见，说服别人并不难，关键在于掌握对方的心理，这其中的秘诀就在于：推己及人，将心比心。第二次世界大战期间，某国军方推出了一种保险，只要一个士兵每月缴纳10元保险金，那么如果他将来战死沙场，他的家人就能得到10万元的赔偿。军方原以为这种保险推出后会大受士兵们欢迎，可事实却恰恰相反，投保人寥寥无几。原来士兵们想的是，要是参加了这个保险，那么每月都要缴纳10元保险金，如果将来能从战场上活着回来，这10元钱就白交了；而万一真的牺牲了，那时候要10万元也没有用了，所以还不如及时行乐，拿钱买酒喝的好。

后来，军队为了说服士兵投保，特地请来了一位著名的演说家。这位演说家对士兵们说了这样几句话："孩子们，如果谁参加了保险，将来他若不幸牺牲，政府需要付给他的家人10万元；而对于没参加保险的烈士，政府只需要付给他的家属几千元抚恤金。想想看，政府会愿意先派哪种人上战场呢？"听完这番话，士兵们恍然大悟，纷纷掏钱购买了保险，因为谁也不愿意成为率先被派上战场的人。

这位演说家之所以能够轻而易举地说服士兵们投保，就在于他抓住了士兵的心理：谁也不在乎自己死后会有什么好处，而只关心自己是否能活着回来。正是抓住了士兵这种心理，他才打了一场漂亮的攻心战。

人心看似难以捉摸，但其实又很简单，只要我们将心比心，就会知道对方想要的是什么。只要我们破解了这一"密码"，说服就会变得相对容易些。

说服前，先建立共情关系

当我们与一个人交流的时候，必须要走进他的世界，从他的内心深处去体会他的感受，去了解他的生活方式，这样才能与对方进入更深层次的交流。只有抓住了对方的心理，才能与对方慢慢地建立共情关系。只有这样，我们才能准确地抓住对方的心理诉求，进而说服对方。

那么什么是共情呢？美国著名心理学家罗杰斯认为，它就是一种能深入他人主观世界，了解他人感受的一种能力。也有学者认为共情就是"能够了解他的世界，必须能够做到好像可以从他的眼看他的世界及他自己一样，而不能把他看成物品一样从外面去审核、观察，必须能与他同在他的世界里，并进入他的世界，让我们了解他的生活方式以及他的目标和理想。"

也就是说，只有先走进对方的内心世界，委婉地把话说到对方的心窝里，你的一些观点、要求才更容易被对方接受。

比如，你新到一家公司上班，对身边的同事不够了解，但是通过几天的相处，或是在一起吃几次饭、喝几顿茶、聊几次天，便能从两个人的身上找到许多相似点。当双方了解了彼此的特点与喜好，并找到了一些共同点，那交往起来就不会显得生疏。这个时候，你再求他办点事，或帮个忙，就比你刚认识对方时，求他办事要容易得多。

人们经常这样评价一位优秀的推销员：我感觉在和他聊天的过程中就好像是在和自己聊天一样。因为优秀的推销员在和顾客交流的时候尽量让声调、音量、节奏，甚至是身体姿态、呼吸频率都与顾客保持一致。这有利于加强彼此的沟通，增进彼此的感情。在说服过程中，这无疑也是一个很好的方法。

清末，日俄战争的结束，对清政府震动很大。清政府认为日本以立宪而胜，俄国以专制而败，加上国内局势动乱，大清政权已经飘摇欲坠。为了加强皇权，巩固政府统治，决定实行新政，决定立宪。

而此时清政府真正的统治者慈禧太后却坚决不同意，在朝廷上下一筹莫展的时候，载泽站了出来。他深知，慈禧根本不关心立宪与否，也不关心是否会成功，她的内心只在乎皇权是否还在自己的手中。于是载泽对慈禧太后说："立宪之前先得预备立宪，但是预备立宪需要花费 20 年的时间。"慈禧太后一听，心想：光立宪就要 20 年，而那时我早已不在人世了，到时能否立宪，与我没有一点关系。于是慈禧太后就欣然同意了立宪。

结果，用了不到 3 年时间就完成了预备立宪，并非像载泽说的那样需要 20 年。3 年之后，清政府颁布了《钦定宪法大纲》，立宪获得成功。

从这个简短的历史事件可以看出，巧妙地说服他人古已有之。如果载泽在说服慈禧接受立宪的时候没有准确地抓住她的心理诉求——即皇权，就不会顺利地说服慈禧太后。载泽正是看到了这一点，于是载泽便向慈禧太后承诺在她有生之年，不管怎样立宪，皇权都不会落入他人之手。而慈禧的心理诉求得到了满足,便很痛快地答应了载泽的要求。

在说服别人的过程中,除了要学会换位思考,站在对方的角度考虑问题,还要了解对方的思维方式、语言逻辑,这样才能有的放矢,提升说服的效果。

多一点共同意识

心理学家指出，在每个人的潜意识里，都存在着或多或少的自我意识，因此，每个人都不希望被人指使。如果对方意识到你是在说服他时，他的自我意识会变得非常强烈，本能地与你对抗。

古今中外，有很多有名的演说家，他们在演说时往往能够与听众打成一片，造成一种"一振臂而应者万千"的场面。他们都能够营造一种气氛，使听众在这种气氛中轻而易举地接受自己的观点。

他们之所以能够在演说中牢牢地抓住听众的心，是因为他们使用的言词和他们演讲时的态度，能够很好地引起听众的共同意识。那些比较明智的演说家在演讲时，往往不会说"我""我的"之类主观性比较强的字眼，而经常使用的是"我们""我们的""我们大家"等可以将听众和自己拉近的字眼。这样，就可以使自己演讲的内容与听众息息相关，只需简单的几句，就可以拉拢听众的心，使每个人都有"真是这样"的感觉。

如果你细心看一看西方一些国家领导人的竞选演讲稿，就会发现，他们面对选民演讲时，都会尽可能用一些能体现"共同意识"的词语，以尽可能多地赢得支持。这些词语包括"我们""我们大家"，等等。比如，他们会说："我们要尽早将牛肉自由化，使大家都能够吃到廉价的牛肉。为了达到这一目标，我们就要行使我们的共同权力。"这样的话很能打动人心，很容易让听众产生一种同甘共苦的感觉。

在每个人的潜意识里，都存在着或多或少的自我意识，反应在语言逻辑方面，就是不希望听到被人指使、命令等词或句。如，你讲"你听我说"，"我的意见是"，"我认为"等，易引起对方的警戒与反感，而且你越是这样讲，越容易激起他潜意识中的对抗。有些人为什么爱和人抬杠，往往就是因为他秉持这套思维逻辑：你越是强调"我"，我越是不服你。在这种情况下，你的解释、说明，可能会被认为是狡辩，是在驳斥他。所以，高明的说服者，往往不会过分强调自我，会小心翼翼地使用"我"这个词。

在说服自我意识较强的人时，要不失时机地多说几个"我们""我们的"，这样，就会在语言上把大家"捆绑"到一起，让对方觉得你和他的利益、观点一致，至少你没有把他推向对立面。大家一个鼻口出气，站在同一条战线上，那他原本坚硬的防御堡垒，也会在不知不觉中自动地消除。

所以，在向别人提建议或意见时，一定要少使用"我""你"，而要说"我们俩"，或者说"咱俩"。这样，就可以使对方觉得有些事情只有他和你可以分享，从而增进了你们之间的亲密感，并且会让对方产生你我一体的共同意识。

总之，自我意识存在于每个人的头脑之中。因此，当你试图说服对方时，一定要使用"我们""我们大家"之类的字眼，让对方的自我意识与你的自我意识合二为一，形成共同意识。这样，对方才会相信你所说的话是从你们的共同利益出发的，也才会接受你的观点。

说服，要跳出对方的逻辑圈

每个人都有自己的逻辑圈。

一个人的逻辑圈，响着他对事物的判断。假如在一个人的逻辑圈中，他认为这件事是不对的，那么我们说服他改变主意是很难的。因为他有他的判断依据。很多时候，如果顺着他人的逻辑往下走的话，我们的话语根本就起不到什么作用。因为在他的圈子里，他的想法就是"真理"！唯一的办法是跳出他的逻辑圈，从圈外说服他，才能有效。只有站在他的逻辑圈外，我们才能通过自己所掌握的材料，把他说服。

我们先看下面一个故事：

有一个小伙子是个驼背，爱上了一个商人的女儿，爱得很固执。这事情看起来很可悲，小伙子不仅家贫，而且相貌也不好，却爱上了商人的漂亮女儿，按常人的观点来看，肯定不会有什么好结局。但事实是，这个小伙子说服了商人的女儿，并与她结为终身伴侣。

他是怎么做到的呢？

如果你以为这个商人的女儿不爱漂亮的小伙子，那就大错特错了。她和所有青春期的少女一样，一直幻想着能找到一位迷人的白马王子，她甚至认为，只有相貌英俊、家资丰厚的漂亮小伙子才能匹配自己，做自己的夫君。刚开始的时候，她始终没有正眼看过这个驼背小伙子，甚至还嘲讽过他，认为对方的想法是可笑的。

但小伙子一点儿也不气馁。有一天，他找到了这个女孩子，鼓足勇气问：

"我想知道，你相信缘分吗？"青春期的女孩子哪有不相信缘分的，于是女孩子答道："我当然相信！你相信吗？"

小伙子看着女孩子，认真地回答："我当然也相信！而且我已经知道我未来的新娘是谁了。我听老人们说过，每个男孩子在出生之前，上帝都会告诉他将来要娶的是谁。所以在我出生的时候，上帝已经给我许配好了未来的新娘。可是上帝还告诉了我一件事，我的新娘将会是个驼背。于是我向上帝恳求，希望他能把我的新娘的驼背赐给我，让我的新娘可以漂漂亮亮。上帝同意了我的要求，所以我变成了如今的样子。"

小伙子的眼睛显得真诚，女孩子看了，忽然间觉得他的驼背其实一点儿也不丑。一年之后，他们结婚了。

驼背小伙子成功地说服了那位高傲的姑娘，靠的是实实在在的话。他是怎样做到的？很简单，他聪明地跳出了女孩子的逻辑圈。

在那位姑娘的逻辑里，自己的白马王子肯定是一个相貌与家世都能与她匹配的人。如果按她的逻辑，那么驼背小伙子就只能从相貌、家世上说服她，可是这些恰恰是小伙子所没有的。他的相貌一般，而且还是驼背；家世普通，也不是有钱的主儿，和姑娘要求的条件相去很远。可想而知，就算他再有口才，说得再好，也不可能把自己的驼背说直了，把他是个穷人说成富人。如果他一直在女孩子的逻辑圈里周旋，将很难成功。在这种情形下，他改变了说服的方法，跳出了姑娘的逻辑圈，从缘分说起，一下子就抓住了姑娘的心。有人愿意为自己做这么多事情。虽然那只是一种假设，但就是这样一个并非事实的故事，让姑娘怦然心动，她从中看出了小伙子深切的爱意，于是小伙子成功了。

宋朝的诗人苏轼有这样的诗句："不识庐山真面目，只缘身在此山中"。如果"庐山"是一个人的逻辑圈，那么我们身在山中，自然无法看清庐山的真正面貌，所以需要从山外着眼。同样，如果我们的思维一直停留在别人的逻辑圈里，那么就很难把控大局，进而找到突破口。我们唯一取胜的法门，就是跳出别人的逻辑圈，从一个全新的角度进行游说。

跳出对方的逻辑圈，我们的思维才能不被对方所左右。站在远处，我们才能看得更清，才能更加准确地把握整个局面。

第四章

强化表达逻辑，提高说服技巧

　　说服不像一加一等于多少那么简单，它需要良好的语言修养与缜密的逻辑思维做支撑。两者提高了，说服的力量自然就加强了。

把说服的语气用对了

　　文学作品的感情色彩表现在词章文采上，说话者的思想感情则表现在声音气息上，即语气上。语气是说话人的口气和态度。"语"是指通过声音表现出来的语句；"气"是指朗读、演讲时支撑有声语言的气息状态。语气，既包含有内在的感情色彩，又有外在的高低、强弱、快慢、虚实的声音形式。

　　语气的强弱、清浊、长短、深浅、宽窄、粗细的变化，可以产生不同的发声效果。比如：沉郁迟滞的语气，可以表达演讲者悲伤的感情；轻快跳荡的语气，可以表达演讲者欢悦的感情；如果想要表达急迫的感情，演讲者可以使用一些短促快速的语气；如果想要表达冷漠的感情，可以使用一些平缓低沉的语气等。

　　语气运用不好，会影响说服的效果。一般来说，自信心很旺盛的人，说话节奏具有决断性；相反，缺乏自信的人，说话声音里必然缺乏决断性，说话时小心谨慎，内心充满不安。当一个人怀着浮躁的心情与人交谈，或者谈话中的两个人意见相左时，说话者的音调就会突然高昂起来，表示他想让别人了解他内心无法抑制的情绪或想要压倒对方。据此可知，如果一个人心怀企图的话，他在说话时一定会有意地抑扬顿挫，故意制造出一种与众不同的感觉来，目的是转移别人的注意力。这样，他说话的可信度就会降低。

　　《红楼梦》中有个小故事，挺有意思的。

有一次，凤姐偶然差遣宝玉的丫鬟小红替她去办事，小红办完事回来复命，凤姐一听这个小红说话干脆利索，小葱拌豆腐一清二白。她非常高兴，说这个丫鬟说话对我脾气，这么着吧，你以后就跟着我吧。小红在宝玉身边，只是一个负责打扫卫生的粗使丫鬟，到了凤姐这边，摇身一变成了深得器重的贴身丫鬟，地位扶摇直上。小红是凭借什么脱颖而出的呢？就是凭她说话清楚明白，让人听着舒服。

为什么凤姐爱听小红说话？因为她的声音响亮清脆，而其他丫鬟说话多半声音太小，就连凤姐的贴身大丫鬟平儿也有这个毛病，为此凤姐还"训"平儿说："难道只有装蚊子哼哼才算美人吗？"说话有气没力，不仅别人很难听清楚，而且也显得说话者没有自信，这也是说服他人时最忌讳的。有时候，即使你发音很标准，但因为声音低，对方听得费劲。

所以，说服他人时，一定要掌握好语气这个语言要素。不注意语气的运用，会让你的说服力打折扣，那如何来驾驭说话的语气呢？

1. 在不同的场合使用不同的语气

使用不同的语气时，要注意说话的场合。通常来说，人比较多的时候，为了突出重点，要适当提高声音，放慢语流速度，把握语势上扬的幅度。相反，场面小的时候，要适当降低声音，适当紧凑词语，把握语势的下降趋向，追求自然。

除此之外，语气也要根据场景来改变。在一个小会议室，二三十人，有时在大会场，几百人，在几十人和几百人的场合，演讲的语气是不一样的。在那种小的场合，你搞得激情澎拜，让人觉得做作。在大的会场，那你就得充满激情，像开小会一样就没一点感染力。

2. 说服不同的人使用不同的语气

驾驭语气时，最重要的一条就是语气因人而异。不同的语气，能够对听者的情绪和精神造成影响。语气，只有适应于对方，才能发挥出连锁反应，喜悦的语气引发对方的喜悦之情，愤怒的语气引发对方的愤怒之意。如果语气不适应对方，则会出现逆向反应，比如：生硬的语气会让对方变得不高兴，埋怨的语气会让对方变得满腹牢骚。

3. 不同性格的人应使用不同的语气

每个人的性格不同，说话风格与语气也有差别。如，傲慢的人，语气也往往会透出几分傲慢，这会让人很反感，人们更喜欢语气谦卑的人。谦虚的人，讲话的语气也比较谦和。所以，同样的话，用不同的语气讲出来，给人的感觉是不一样的。为了增加说话的可信度，给人留下良好的印象，语气除了要符合自己的性格特点外，还要符合说话的主题，以及当时的场景，这样更能增加你的说服力。

4. 不同的时间，使用不同的语气

同样的一句话，在不同的时间说，说服的效果是不一样的。如某个热点事件正在发酵，你在发表自己的观点时可以使用稍重一点的语气，如果一件事情过去很久了，你再提这件事时，就不必太过渲染，语气不要太夸张了。

可见，在说服过程中语气的运用很有讲究，在不同的场合，对不同的听众，演讲不同的主题等，要表现出不同的语气，这既是一种语言技巧，也是一种说服艺术。

语速要快还是要慢

　　说服不同于一般的交谈，它带有很强的目的性，即用自己的逻辑有步骤有计划地影响、改变对方。故话说到哪个份儿上，讲到哪件事，谈到哪个人，该用什么样的语速，都要依情况而定。

　　语速是思维与逻辑的一种外在表现，它能影响一个人的说服力。平时能言善辩的人，一般说话语速较快，逻辑比较清晰。说话慢吞吞，或是停顿较多的人，思维比较严谨。

　　语速没有好坏之分，一般认为，每秒钟吐出"三个半"左右的音节，同时每个长句子停顿四五次，是比较合适的语速。这样讲起话来比较连贯，且能给人思考的时间，同时又有节奏感。

　　说话有逻辑的人，不见得一定要反应快，语速快。说话有逻辑和反应速度并没有必然联系，所以如果你自己是一个反应速度不太快的人，也不要因此觉得自己就没法有逻辑地表达。若你是一个反应和逻辑思维都不是特别出色的人，为了避免自己表达有误，在与人交往的时候可以先多听对方的观点和表达，培养自己边听边思考的能力，等对方观点表述完整，你再胸有成竹地进行回应。

　　所以，说服别人的时候，一定要调整自己的语速，该快的时候要快，该慢的时候要慢下来。

1. 语速要快：强化信息可信度

　　比起表达的精确度，人们更容易被快速、自信的说话者说服。背后的逻辑是：你说话的速度越快，你的听众处理你所说的问题的时间越少，同时传递对方一个信号——你精通这个话题，对事实坚信不疑。

在 1976 年 10 月，一项研究发表在人格与社会心理学的月刊上，分析了说话的速度和态度。研究人员试图说服参与者承认咖啡因对身体不好。当他们以每分钟 195 字的速度表述时，更多的参与者被说服；当他们以每分钟 102 字表述时，较少的人被说服。这些研究人员认为，以更快的速度（正常交流每分钟 195 个字是最快的语速）传达的信息被视为更可信。快速的语调似乎表明说话者有信心、智慧。

当然，也有些心理学家认为，语速稍慢的人说服力更强，而那些吐字特别快，说话像连珠炮，以及语调夸张、抑扬顿挫的人，成功说服他人的比例并不高。这个实验结果似乎与我们的感觉正好相反。

2. 语速要慢：保持逻辑的完整性

有人不管是面对面沟通，还是网上交流，说话速度都非常慢。因此，经常会有人提醒："拜托，你说话能不能快一点啊？真让人着急。"那是不是说话慢就一定让人着急？不一定。有时候，说话慢一点会收到意想不到的好效果。

小张经常在 QQ 或是微信上与朋友交流，他打字速度也比较快，往往别人打一句话的工夫，他已经打出了几行字，朋友们跟他聊天总有力不从心的感觉，要求打字慢一点，他也发现尽管自己说了很多，大家却经常询问他说过的话，他以为别人在敷衍他。见面交流，小张也说得很快，很少给别人反应的时间，别人经常无法消化他说的内容，有时也会忽略部分谈话内容。后来，他把语速降下来后，发现这样既给了自己思考的时间，也让别人听清自己说话的内容，双方的交流反而顺畅，而且大家觉得他的话更有说服力。

保持适当的语速，有一个好处，就是能给自己思考的时间，避免说错话，当然，也给别人消化你说话内容的时间。否则，讲话太快，有些词会不经意闪出口，会影响说话的效果。比如，二十年前你可以叫餐厅服务员"小姐"，那还是尊称，现在再这样就不合适了。所以，说话要经大脑，不能张口就来，最好组织一下语言，理顺了关系再开口，避免一出口就闹笑话。

可见，在说服他人的过程中，语速是一定要变化的。语速不可过快，也不可过慢。过快，像打机关枪似的，只管自己噼噼啪啪讲得痛快，不管对方是否能听清，这样说服的效果不好。对方捕捉词语都来不及，哪里还有思考的余地？听一阵子，他们就反感了，倦怠了。过慢，像老奶奶讲故事似的，词和词之间、句和句之间，拉得格外长，使对方等得不耐烦，很快就没了兴致，或者就干脆不听了。所以，语速要根据内容及思想情感表达的需要，做出恰当的调整。当快则快，当慢则慢，有所变化，这样才能体现说话的艺术。

先讲好重点，再丰富细节

不管是演说、报告、推销、谈合约、提案，还是办理领导交代的工作，说话都要有重点，要分主次，这即是所谓的语言逻辑。有逻辑地说服他人，一定要注意语言的层次与主次关系。

说话没有重点，扯到那儿算那儿，这种表达本身就缺少感染力，更谈不上可信度。高手说话，总是有的放矢，重要的事详说精说，不重要的事，几句话带过，不会浪费太多口舌。比如，你说服一个人加入某个团队，重点要讲加入这个团队的意义，能给他带来的益处等，这是重点。如果一个小时的沟通，你用50分钟谈一些明星八卦，用10分钟说"你多么希望加入这个团队吧"，自然没有多少说服力。

记住，说服高手说话都有一个共同点，那就是讲究说话的逻辑性，如果他要和你讲三件事，一定会告诉你，哪件事是重要的，哪件事是次要的，重要的事，他会重点强调。具体来说，体现为以下四点：

1. 总结归纳重点

你是否经常为了说服他人，必须准备许多理由呢？或是担心说得不够详尽，深怕对方无法相信？事实上，缺乏调理、太复杂的内容，反而会使对方无法掌握重点，甚至感到不耐烦。所以，将内容归纳成三个重点为好。如果真的无法归纳成三个重点，那就请以"补充事项"的方式，在谈话中约略带过。因为除了重点，大部分的人并无意愿听不相关的讯息。

2. 确认重点的顺序

归纳三个重点后，该从哪一个开始说明呢？一定要先从最重要的开始。不必按照时间的先后顺序，或先说一些轻松的暖场话，直接切入重点即可。不过，你的重点不一定是对方的重点，双方对于"重点"的看法一定会有差别。因此，要站在对方的角度看问题，最好用对方视角来决定重点。毕竟你要说服对方，答应或接受某项要求。比如，大家经常会听到这样的问话："有两个消息，你想先听好消息？还是坏消息？"你也可以用类似的方法，让对方决定聆听的顺序。如此一来，对方便会认真聆听自己决定的重点。

3. 多用数据、案例说话

在职场上，尤其是商业往来，数字说明一切，也最有说服力。缺乏具体数据、案例的内容，绝对无法说服对方。特别是在一些专业性较强的问题上，模糊笼统的表述，只会暴露你是外行。例如，说明业绩不佳的原因时，如果你只说"这二年业绩不佳"，过于含糊；反之，如果强调"三年前的业绩虽有五百万，但二年前开始，明显下滑一半。直到今年仍旧没有起色，仅维持在三百万。"便能让对方清楚了解你说的内容。

4. 区分事实与个人意见

这一点非常重要。首先，必须先分清楚哪些是事实、哪些是个人意见。尤其，向领导报告工作进度时，务必做到公私分明。许多人会把个人意见与既定事实混在一起，这样不仅会造成对方的误解，甚至无法说服对方。所以，请先弄清楚哪些是事实，哪些是自己想说的话，再开始报告。另外，为了使对方分清楚"事实"及"个人意见"，在说明事实时，可在开头加一句"实际上"强调，或在结尾时补充消息来源；至于在发表个人意见时，则可在开头说"这是我的意见"或"我是这么认为的"。如此便能增加说服的力道与成功几率。

不论在什么场合，要说什么话题，在开口前要想好你说话的目的，以及要讲的重点，然后再组织语言。说话没重点，看起来是说话的问题，其实是你心理状态的问题，是逻辑的问题。

精准表达，要长话短说

在日常生活中，绝大多数的人，讲话逻辑混乱、思路不清，原因之一就是不懂得概括，一开口，就是一长段长段的话语，没有任何的概括提炼，加上思路飘浮，想到什么就说什么，其结果一定就是"两个黄鹂鸣翠柳"——不知所云，"一行白鹭上青天"——离题万里。

《墨子》中有这样一段话，很能说明问题：

子禽问曰："多言有益乎？"

墨子曰："蛤蟆蛙蝇，日夜恒鸣。口干舌擗，然而不听。今观晨鸡，时夜而鸣，天下振动。多言何益？为其言之时也。"

这段话的意思是，子禽问老师墨子："多说话有好处吗？"墨子回答说："蛤蟆、青蛙、苍蝇，日夜叫个不停，叫得口干舌疲，也没有人去听。但是再看看雄鸡，在黎明按时啼叫，所有人听到它的叫声都会起来劳作。那么多说话有什么好处呢？重要的是话要说得切合时机。"

墨子这番话说得很有道理，在说服过程中，很多事情说得再多也是徒劳的。相反，说得太多，往往显得啰唆，像《大话西游》的唐僧一样，喋喋不休，让人失去了耐心；而话说得再好听，如果说不到点子上，说不到对方的心里，也只是漂亮的套话，没有任何实际意义。因此，一番话说出来，关键在于两点：第一，要选择合适的说话时机，就像墨子所说的雄鸡那样，"时夜而鸣，天下振动"；

第二，要准确把握听者的心理，把话说到对方的心坎上。

具有逻辑力量的语言不在于长篇大论，却在于精巧奇妙，如同构思精巧的奇文一般环环相扣、严丝合缝，让人找不出一丝破绽，自然也就找不出辩驳的理由。可见，概括有三大好处：第一，重点突出，容易让人明确你的观点；第二，避免啰嗦重复，简洁的语言让听众愉快；第三，层次分明，有利于你自己展现思路而不至于混乱。

说短话，不但要精简说话的内容，长话短说，也要善于运用一定的逻辑串连各个语言段落，这就像用一条线串连起一颗颗珍珠一样。不但说的每一段话，要有趣不拖沓，而且各段话看似没多大关系，实则都是关联的。如此说话，会有更强的感染力与说服力。

那么该如何概括、提炼自己要说的一大堆话呢？方法有三种：

第一种：关键词概括

关键词法是最为常用的方法。也就是用关键词来概括自己的基本观点。当然，这里的关键词也可以放宽为关键句，把那种 10 个字左右的精炼的短句，也可理解为关键词。

如果是即兴讲话，你就围绕主题，迅速地在思绪当中抓出三个关键词，然后围绕三个关键词分别展开，不会忘词，也不会思路混乱。比如以健康这个话题为例。如果你要讲"如何确保自己的身体健康"这个话题，你说，要从三个关键词入手，即"饮食、运动、心态"三个方面。接下来具体讲的时候，可以从三个方面来谈：要有合理的饮食；要用科学的运动；要保持良好的心态。这样，要点突出，且有相当的说服力。

关键词概括的关键有三步：扣题、取舍和分解。

第一步是扣题。就是在讲话的时候，即使你的头脑中思绪万千，纷纷扬扬，但你必须强烈地要求自己，只能紧扣立题去抓取关键词。而且，即使你想到的是长句子，你也必须在长句子里面把关键词给找出来，而不要试图让自己去记忆长句子。

第二步是取舍。你不能指望把所有想到的素材都用上，一定要舍掉许多你觉得挺有意思的故事、警句。否则，过多的素材一堆砌，反倒让你陷入混乱与离题的困境。掌握好取舍，目的就在于让你的思维聚焦到三个关键词上，让自己思路清晰。

第三步是分解。只选三个关键词非常重要。但是有些人觉得找不出三个关键词。问题出在哪里呢？出在他用一句高度概括的话，把几个有价值的关键词都囊括进去。

第二种：关键字串连概括

在说服时，肯定需要表达自己的观点、要求，或是愿望，在这个过程中，要把一些关键词通过某种逻辑串连起来，形成一个完整的说服链。反过来，也可以把一些原本串链在一起的关键词，分开来解读，把自己的观点融入其中。比如，有段时间人们喜欢说的一些词是"白富美""高富帅"，就可以分开来解读，当然，你也可以仿造这个逻辑，造一些"词"，如"白骨精"，"白骨精"原指西游记中的妖精，你可把它解读为：白领、骨干与精英的合成人物。

第三种：数字串连概括

数字串连法是在关键词的基础之上，再以数字来串连，使之更容易引起注意和记忆。这种概括方法在古今中外都非常之多。尤其是中国的官方话语体系中，这种概括特别地多。比如当年毛主席提出共产党人的"三大作风"——理论联系实际，密切联系群众，批评与自我批评。毛主席还提出中国人民消灭了"三座大山"——帝国主义、封建主义和官僚资本主义。这种数字概括还有经典的，如

"一个中心，两个基本点""四个现代化"。这些例子都很经典。只可惜，很多人都司空见惯，没有注意数字串连式概括是个非常绝妙的讲话技巧。

很多人都知道说短话的好处，但不知怎么说短话，尤其在说服他人时，想要表达的东西太多，话题始终说不完，即使想要告一段落，也要花费很长时间，这样，不但显得啰嗦，也很难有说服的效果。

所以说，表达的逻辑性不在语言的长度，而在语言的质量，主动明确话题范畴，减少与观点无关的表达，用简练的语言表达观点，更容易被人接受。

观点清晰，表达一步到位

说服，必须要清楚、准确地传达信息，避免让人产生误解。说话含糊不清，模棱两可，任由对方怎么理解，自然达不到预期的说服效果。

观点，是语言逻辑的一部分，观点不明，逻辑必然混乱。尤其是一些涉及操作性的方法，或是要落地的一些方案，太笼统，就没有可操作性，就没有价值，说了白讲。

有人说，同样一件事，我写文章可以把它描述得很清楚，但是讲出来就很难让人理解，为什么？还是逻辑问题。写文章与说话是两码事。文章写出来后可以反复琢磨、修改，但说出的话句句都是"直播"，逻辑不清晰，会增加别人的理解难度。

许多时候，你是需要通过口头表达来"推销"你的观点，不是靠写文章来说服别人的。所以，要增强一些观点的说服力，必须要注意以下三个方面：

1. 重要的信息要多个角度阐述

说话不是写文章，不能像倒录音带一样，一句话翻来覆去讲。但是，有些重要的信息，不可以一次过，否则，可有会让人误解。

如，我们和人约了见面时间，"晚上九点一刻见"，如果表达不清，对方很容易听成"九点立刻见"，或是理解成"八点四十五分见"（差一刻九点）。为了避免出现这样的误解，所以在确定见面时间时，可以重复一遍，或换个角度讲"九点十五分见"。

再比如，你提出了一个论点之后，进行了论证，一番讲道理、摆事实下来却发现，对方已经忘记你最开始的论点是什么了。这种情况还不算是最差的，有的人讲到一半，人们就不记得他讲的观点了。如果沟通的时间比较长，其间一定要反复强调自己的主要观点，最后再进行总结。

在这个问题上，不要过高地估计别人的理解能力。有人做过一个实验：把一句话从 A 传到 B，再从 B 传到 C……等传到 E、F 时，已经完全变了味儿。这个实验有一个规则：只准传一遍，不许重复。所以重复，特别是多角度的重复，是避免歧义与误解的好方法。

2. 难以理解的内容要留空白

什么叫留空白？

简单来说，就是在说话过程中，有意拉大语句的间隔。最常的例子就是，有些领导上台讲话时，喜欢"嗯""啊""这个""那个"，许多时候，不是他们特意留空白，而是无话可说，又不得不说，脑子一时反应不过来，只好用这些词来填充。这是被动留空白，听起来有些拖沓。

这里讲的留空白，是主动留空白。所谓主动留空白，就是脑子反应要快，在讲完一段话后，要有意识地"等一等"，等对方明白了，再按之前的节奏往下讲。比如，有经验的老师在给学生授课时，经常会留空白，他在讲完一个原理后，会观察大家的面部表情，从中分析哪些人还没有听懂，哪些人一知半解，再根据情况决定是继续讲新内容，还是重新再讲一遍之前的内容。

有些人经常会说"对不对啊"，"是不是啊"，其实，没什么对不对，是不是，而是在给对方留反应时间，让他们想一想这话是什么意思。

所以，一段话"听起来清楚"和"读起来清楚"是不一样的。

如果不留下反应时间，读起来清楚，听起来可能就糊涂了。

3. 抽象的东西要形象化描述

　　形象化描述，很好理解，就是具体该怎么去做。有人说话听上去慷慨激昂，仔细一想，却很空洞，没什么内容。就是因为抽象的东西太多，能落地的，可操作的东西太少。比如，你向一个人问路，对方回答说："你往前走，左拐，然后右拐，再往前，左拐，再左拐，就到了。"你是不是听得一头雾水？尤其当你的头脑中对这个地方没有任何概念时，你还是不知道具体怎么走。如果对方这样回答你："往前走，过了红绿灯，向左拐，再走 200 米右拐，就可以看到那个大楼。"这样，你的头脑中就会有个线路图，大概知道在什么方位，距离有多远。

　　想让对方领悟你的意思，接受你的观点，就不能太"假大空"，讲什么"多加练习"，"努力付出"，"全面深入"，最好讲"一天练八次"，"每天进行 4 小时学习"，"错误率控制在 1% 以下"等。这样，大家更能准确领悟你的意思。

　　所以，不但要把话说对了，说清楚了，还要准确无误地表达自己的观点，减少对方的误解，让表达更有逻辑，更清晰、流畅。

有层次表达，要"一二三"排开

说话的逻辑，意味着表达的层次。高人说话总是"一二三"排开，不是为了模仿领导做派，而是为了表达更清晰——先说主干思想，再展开论述。同时，说话严谨，有逻辑，能经得起推敲，可以自圆其说，不会给人胡言乱语的感觉。

层次分明，条理清楚，能让对话者更快速地理解你要表达的想法，让对话的效率更高。所以说，从一个人讲话内容的层次方面，可以看出他的说话逻辑，同样，从他说话的逻辑性，也能判断出他的层次。

所以，这里的"层次"，有以下三层意思：

1. 说话条理清楚，分层次

说话有逻辑的人，一句话说清楚的，不用两句，很少讲空话、废话，而是言之有物，有始有终，有重点。因为他们有意识地运用简单化表达顺序，比如第一，第二，第三；过去，现在，未来；昨天，今天，明天；最重要，次重要，等等。再就是，他们能够掌握说话的"语言框架"，如时间关系、空间关系、因果关系、递进关系、并列关系、对比关系、总分关系。

比如，领导讲话经常采用"1-3-3-3-1"模式。即在开头使用一个总起句，结尾使用一个小结句，中间分三个分论点，每个分论点由三个句子组成的结构。这种结构听起来思路清晰，重点突出，可以给听众留下非常好的印象。采取"1-3-3-3-1"结构时，只需对中间的分论点进行丰富，更易于从整体上布局，不致头重脚轻。

在平时，要让自己的讲话有层次，最好在开口前先打好腹稿，按一二三规律讲，第一点是，第二点是……注意不要把第三点和第一点说重复。有时为了强调可重复。

2. 说话有水平，上层次

说话水平可分为三个层级：

第一个层级，叫能说。即基本上可以应付日常的一些工作，说话基本不会跑调，如汇报工作、开会讨论问题等。

第二个层级，叫善辩。也就是说，你的语言充满趣味性，会让人爱听，你基本上可以应付各种大大小小的场面。

第三个层级，叫智言。达到这个层次的人，非常善于表达，经常能让别人对他的观点产生强烈的认同和共鸣。

3. 社会地位高，有层次

说话最能反应一个人的能力、水平，以及社会层次。有些人看着很端庄，形象也不赖，但是一开口，就叫人大跌眼镜。因为他说出的话与他的形象、身份、气质不符，这个时候，对方宁愿相信他的话更能代表他的个性与能力。相反，有些人其貌不扬，但说话很有水平，那别人就会高看一眼。

不同社会层次的人，想在一起愉快交流，那双方要懂得"迎合"对方。如果与某方面的专业人士交流，可以使用一些专业术语，但面对小学生时，那就多些童趣；如果面对的是普通的听众，那就通俗一点。

所以说，说话逻辑体现为说话层次，说话次层反应出说话逻辑。想要让自己的观点服人，必须注重说话逻辑与层次。说话没有逻辑，就谈不上层次，显不出水平。

有序表述，把握好时间逻辑

什么是时间逻辑？

时间逻辑就是在表达自己的观点时，按照时间顺序来计划和组织相关的分论点。由于时间顺序容易察觉，也便于听众理解和记忆，所以它是阐述观点、问题时常被使用的一种逻辑顺序。平时，我们与他人的交流，几乎都是依据时间顺序来展开的。

以下节选白岩松在耶鲁大学做的题为"我的故乡以及背后的中国梦"的演讲稿的一部分，来体会一下在演讲中如何使用时间逻辑来组织分论点。

过去的20年，中国一直在跟美国的三任总统打交道，但是今天到了耶鲁大学我才知道，其实中国在只跟一所学校打交道……我要讲五个年份，第一要讲的年份是1968年，那一年我出生了。

……很显然，我的出生非常不是时候，不仅对于当时的中国来说，对于世界来说，似乎都有些问题。1978年，10年之后。我10岁，我依然生活在我出生的时候那个只有20万人的，你要知道在中国的话它是一个非常非常小的城市里…………

接下来的年份该讲1988年了，那一年我20岁……当然，我知道那一年1988年对于耶鲁大学来说也格外重要，因为你们的校友又一次成为美国的总统。

好，接下来又是一个新的年份，1998年，那一年我三十岁。

我已经成为中央电视台的一个新闻节目主持人。更重要的是，我已经成为一个 1 岁孩子的父亲…………

接下来我要讲述的是 2008 年，这一年我 40 岁。很多年大家不再谈论的"我有一个梦想"这句话在这一年我听到太多的美国人在讲……

从白岩松的这篇演讲中，我们可以清晰地看到其中的时间逻辑。

在演讲的一开始，白岩松就直接告诉听众他演讲的逻辑是什么，他将会讲几点，这样听众就心中有数，知道他的演讲是怎么展开的。

不只是演讲，在其他场合，要有逻辑地表述自己的观点，或陈述一个事实，也要注意其中的时间顺序。一般来说，人们都喜欢按照事情发生的先后顺序进行表述，这符合事物发展的规律，也便于听众的理解和记忆。只有在特殊情况下，我们可以使用倒叙，或者是跳跃式的方法来组织讲话内容，因为那样不利于对方接受演讲中的信息。

总之，时间逻辑是人们表述观点的一个重要逻辑，有时可以用它来组织整个表述的分论点，有时也可以用在某个部分的论述上。这样的例子不胜枚举。史蒂夫·乔布斯在苹果手机发布会上的经典演讲中也使用了时间逻辑，即采用了"1984 年革命性的 Macintosh——今天三款革命性产品（实际上是一个三合一的革命性产品 iPhone）"这样的顺序。

总之，时间逻辑是最符合事物发展的自然规律，最容易识别、理解和记忆的逻辑，也是一种最普遍的表达逻辑。所以，如果你不知道如何展开你心中的"故事"，不妨从时间逻辑的角度试一试。

插话要看节奏，别乱了"规矩"

交谈的基本规则是不要打断对方说话。通常，交谈是按照先后次序来交换看法，按次序说话，在对方说完要说的话之前，他拥有说话的"权利"。别人讲话你插话，这是一个不好的习惯，会招致别人的反感。

所以，不要随意抢别人的话头，即使有话要说，也要懂得规矩与礼貌。但是，有时候又不得不插话，来表达自己的观点，或是对对方的观点提出疑问或意见。尤其在商业谈判、政治竞选等场合，要有理有据地说服对方，必须要掌握插话的技巧。一味地沉默，或是倾听对方讲，虽然能制造一种表面上的"和谐"，但是达不到说服效果。

美国大选的电视辩论中，打断对方是常用策略，2012 年奥巴马与罗姆尼的第二次电视辩论中，双方频频打断对方发言，整个辩论平均每分钟有 1.4 次发言被打断。

平时，要想用自己的逻辑说服别人，适时插话是必要的，但一定不要坏了谈话的"规矩"。这样，你可以通过插话来进行语言反馈，表明你的态度、观点，或是提出自己的问题。

一般来说，在说服他人，或是驳斥对方的观点时，要掌握好如下几个插话时机：

（1）对方说话稍有停顿时，可以插话要求补充说明。

如："请再说下去。"

"还有其他情况吗？"

"后来怎么样了？"

像这类语言，可以使对方谈兴更浓，把更多的想法和情况告诉你。

（2）当对方说话间或喝茶、抽烟思考问题，或整理思路时，可以插话提示对方。

如："这是第二点意见，那么第三点呢？"

"上述问题我明白了，请谈下一个吧。"

这类插话，承上启下，给对方以启示和引导。

（3）在对方谈话间歇的瞬间，给予简单的肯定的回答。

如："是的。"

"没错。"

"我理解。"

"有可能。"

"很对。"

"我明白。"

这种插话，可以表示对对方谈话赞成、认同、理解，使谈话气氛更加融洽和活跃。但是，插话要注意频率，如果无休止地打断对方说话，同时频频改变话题，那么，会使对方感到交流无法进行下去。

例如下面的谈判：

"请看，我厂最近生产的连衣裙款式新颖，花色美观大方……""说到美观大方，我立即想起我们公司服装厂生产的百褶裙，那真是……"

"这种连衣裙在国内是首创，一上市马上被抢购一空！真是难得的畅销货⋯⋯"

　　"要说畅销货，这款衣服真是想象不到的畅销，年轻姑娘，中年妇女，甚至老年妇女也都喜欢穿，真是⋯⋯"

　　如此打断对方的说话，会造成谈判中断停止。

　　插话除了要讲究时机，也要注意插话方法。通常，可以使用"重复"和"概述"两种方法。"重复"具有促使对方讲下去，明确含义，强调话题的作用。比如，当对方谈及一个新的问题时，为了明确含义或者为了突出其重要性，我们可以这样来重复：

　　"您的意思是不是⋯⋯"
　　"我想您大概想讲⋯⋯"
　　"您认为这很重要吗？"

　　"重复"使用得及时和恰当，往往能使谈判避免停顿和中断，可以收到很好的效果。

　　在说服逻辑不清和语言组织能力较差的时候，应该抓住机会对他的言语进行一定的整理，以防其杂乱无章地"开无轨电车"。这里，比较有效的整理方法就是概述。

　　概述应紧扣主题，突出几点，理出头绪，去掉与主题无关的废话，保证谈判的顺利进行。

　　比如，我们可以这样说："听您所说，大致有这样几个问题⋯⋯"然后列几个要点，使问题显得很有逻辑。

　　概述的方法很多：

　　"您刚才说⋯⋯"

"用您的话讲，这就是，……"

"总而言之，你认为不外乎……"

这样的概述还给人以礼貌的感觉。谈判者往往喜欢别人理解自己的意思，如果你表达出他想说而没能说清楚的话，就很容易赢得他的好感，而这对谈判是有好处的。

掌握好插话时机与方法，才能不失时机地同对方展开讨论，提升说服的效果。同时，自己说话的时候，也要留给对方插话的时机，如果你口若悬河，滔滔不绝，唠叨个没完，丝毫不给对方插话的机会，有可能会将自己不应给对方知道的意图暴露出来。同时，对方也会对你产生厌倦情绪。

表情是一种高级说服力

人的面部表情，是人的思想感情在外貌上的显示，是人的思想感情最灵敏、最复杂、最准确、最微妙的"晴雨表"。面部表情丰富多彩，可以说是另一种深刻、直观的表达方式，甚至比语言、手势等更能使观点入木三分。

有人曾问古希腊最伟大的演说家德摩斯梯尼："对于一个演讲家，最重要的才能是什么？"

德摩斯梯尼回答："表情。"

又问："其次呢？"

"表情。"

"再其次呢？"

"还是表情。"

可见，在德摩斯梯尼眼中，表情在说话时是多么重要。

有句话叫"只可意会不可言传"，这或许就是在说表情的力量吧！法国作家、社会活动家罗曼·罗兰说："面部表情是多少世纪培养成功的语言，是比嘴里讲的更复杂到千倍的语言。"

在与他人沟通过程中，如何通过面部各个部位的特征变化，来丰富说话的表情，增加说服的力度呢？

1. 嘴唇上翘

嘴角微上翘，可以展现出微笑的面容，这也是平时我们运用比较多的表情，无论是与朋友，还是陌生人交流，都需要向对方报以微笑，通过微笑还可以表达出喜悦、亲切、肯定、满意、赞扬的态度。尤其是在表达你的某些观点时，如果拿不准对方的态度，可以先通过微笑，来展示你的内心情感，以强化你所要表达的内容，同时也能拉近彼此间的心理距离。

2. 眼睛变幻

"眼睛是心灵的窗户"，不同的眼神能展现出不同的沟通效果。比如，仰视：表示崇敬或傲慢。俯视：表示关心或忧伤。正视：表现庄重、诚恳。环视：表示交流或号召。点视：表示具有针对性和示意性。虚视：可以消除紧张心理。在和对方互动的时候，眼神的运用十分重要。

3. 眉毛多变

双眉往上扬，表喜悦、亲切、肯定、满意、赞扬；双眉微蹙，表疑问、忧虑、悲伤。这在表达说话者情感的时候，能够充分发挥出功效。比如，在讲到理解亲人的演讲中，双眉紧蹙，说："我们在外面打拼，为的是什么？难道就是过年的时候，拿钱给父母吗？而他们长年累月的孤独，我们能看到吗？"这样就形神兼备，触人心弦。

身体语言通常都是一个人下意识的举动，它很少有欺骗性。有时一个人说得头头是道，句句在理，但我们还是能凭借经验，找出他说话的漏洞，不是因为他说错了什么，而是肢体语言"出卖"了他。试想，如果对方是推销员，向你推销产品，你还会信任他么？如果对方是朋友，他说"很赏识你"，你能信以为真么？当然不会！相较于口头表达，肢体语言更能真实地反映一个人的心理状态。

每个人在人际交流时，都会产生表达性的肢体语言，包括微表情。实验证明，婴儿已经具备了解读母亲表情的能力。曾有一位扑克大赛冠军，深谙肢体解读技术，他在面对媒体采访的时候说道："要么你能掌握解读他人的技术，那么就成为一本打开的书让别人解读。"而通过研究，MRI（磁共振成像）显示我们的大脑功能具备评估他人行为的功能。

从前，有一个人去饭店吃饭，吃完之后，发现自己忘了带钱，于是对老板说"今天我出门忘了带钱，改日送来。"老板说："不碍事，不碍事……"并恭敬地把这个人送到门口。这一幕恰巧被一个游手好闲的无赖看在眼里。

第二天，这个无赖走进饭店，要了几样酒菜，在酒足饭饱之后，也装模作样地摸摸口袋，对老板说："今天出门忘了带钱，改日送来。"谁知老板两眼一闭，说什么也不肯让无赖离去。

无赖质问老板："为什么昨日那人可以赊账，而我却不行？"

老板回答："昨日那人吃饭斯斯文文，看他的言行举止就是个有身份的人，他又怎么会因为这些吃饭的小钱来跟我耍赖呢！而你，筷子在身上乱蹭，吃起饭来狼吞虎咽。边吃还边把一只脚放在了旁边的椅子上。喝酒时的动作更是夸张，脖子上的青筋暴出。看你这德行就知道，你就是故意来混饭吃的。我今天让你走了，你什么时候才会送钱来？"

这个无赖被老板说得哑口无言，最后只得把衣物留下做抵押，狼狈离开。

从这个故事可以看出：身体语言蕴含着丰富的信息，要说服别人，一定不要让肢体语言"背叛"了你。你可以想象这样一个画面：你嘴上和别人说"我们各让一步，算是双方都妥协吧"，但是你却双手抱于胸前，一副防卫的姿态，那别人会认为，你难以接近，你不愿妥协。如此，别说相信你说的话，甚至都不愿听到你说的任何一个字。为了达到说服效果，你传达的信息和身体语言必须一致。否则，你看起来像个骗子。

当你在跟同事阐述你的工作理念时，对方摆出的肢体姿态，你能否解读到。如果你能解读到，你就知道是否应该进一步深入交流或者即时终止无效的单方阐述了。

当你向你的客户或老板推销你的新产品或新计划时，你能否留意到他们的肢体语言。有兴趣与拒绝，往往不必开口说出来，肢体语言已经先一步地向你发出了讯号。简单来说，可以将肢体语言归为两大类：舒适型与不舒适型。舒适的状态：身体是开放的，嘴角是上扬的。例如，当我们看到一位好久未见的朋友，内心欢愉，我们会眉开眼笑，张开双臂来欢迎我们的朋友。

不舒适的状态：身体是紧缩的，嘴角是下垂的。例如小学生考试考砸了，想到回去还要让父母在试卷上签字，少不了要挨一顿批。这位小学生回家路上就会垂头丧气，步履沉重，好像书包有千斤重。

所以，当别人想和你进一步沟通，获得成效时，他会解读你的身体语言，当你的肢体处于舒适的状态中，他更愿意和你沟通，更愿意和你交换想法。如果在对方看来，你的肢体语言是不舒适的，这个时候他会认为，你可能正处于心情槽糕的状态下，所以与你沟通的热情也不高。

说服高手善于根据交谈内容表现出各种表情，让场面变得生动，有感染力。当然，有些人不善于运用自己的面部表情，不管内容如何转折变化，不管感情如何波澜起伏，始终都是一种表情，仿佛面部表情同思想感情的变化毫无关系。这不仅会给别人一种呆滞、麻木的感觉，而且不利于思想感情、观点的表达。

所以，表情也是说服的一部分。不管是给朋友提意见，给公司提建议，还是说服别人办事、帮忙，都不要做一个表情僵硬的人。如果你实在不善于运用表情来充实、修饰你的说话内容，那就尝试微笑吧。因为微笑的人运气都不会太差！它像润滑剂，可以迅速提升你的亲和力，拉近与别人的关系。

第五章

逻辑说服要修炼"十项全能"

逻辑是理性的产物，是理解客观世界可靠而强大的武器。不论你从事哪个行业，做什么工作，要想做得好，都必须要修炼逻辑力。逻辑力提高了，你的话自然就有了影响力。

自信力："实力"就是隐秘说服力

我们可能会对各色各样的人展开说服，比如上司、同事、长辈、朋友，其中不少人可能难于沟通，有的可能姿态非常强大，想象一下可能的沟通困难和对方的态度，我们有时候会丧失了说服的信心。

想让别人相信你，先要自己相信自己。很难想象，一个对自己抱怀疑态度的人怎么能够说服他人呢？说服力是自信心的传递，如果说服者态度诚恳，语气坚定，在走路、说话、穿衣方面都表现得自信满满，那讲出的话也显得有说服力。

杜芸是一名职高学生，毕业后，她满怀憧憬来到招聘市场，想要寻找一份销售的工作。

杜芸在招聘市场转了几圈，寻找合适的单位。她发现，整个会场人山人海，唯有一家著名大超市的展台前冷冷清清。她好奇地走过去，看到那家超市的招聘启事，当即吓了一跳。原来，超市要招聘20名业务代表，却指明要名校毕业生，并且要有三年以上从事零售业的工作经验。条件那么苛刻，难怪没有人敢贸然应聘。

杜芸揣摩了一番，自己虽然并不符合要求，但这个工作对她却很具吸引力，并且根据她以往的实习经验，她完全可以胜任这份工作。于是，她心一横，决定要去试一试。

第五章

逻辑说服要修炼"十项全能"

杜芸径直走到应聘席前坐下，那位中年主管看了她一眼，面无表情地指了指招聘启事问："看过了吗？"她点点头说："我看过了，很遗憾，我既没有名校文凭，也没有三年的工作经验。我是一名职高的应届毕业生。"

那位主管饶有兴致地看着她，说道："那你还敢来应聘？"

杜芸微微一笑："我之所以敢来应聘，第一，是因为我喜欢这份工作；第二，我相信自己完全有能力胜任这份工作。"停了停，她又说："如果求职者真要具备启事上所有的条件，那他肯定不会应聘业务代表，至少是公司主管了。"

说完，杜芸就把自己的简历递了过去，那位主管竟然没有拒绝，而且微笑着收下了。接下来，主管又与她聊了聊她的实习经历以及对这份工作的想法，便让她回去等候通知。

第二天，杜芸就接到了录用通知书。后来她才知道，那些苛刻的招聘条件只不过是公司故意设置的门槛罢了，其实当她和主管谈完话之后，她就已经通过了公司的两项测试：勇于挑战条款的信心和勇气以及分析问题的能力。

当我们希望别人相信自己的时候，我们首先要让别人看到，我们自己相信自己。有的时候，或许我们并不是最优秀的，我们面对比我们地位更高的人，难免会心生敬畏，但我们始终要保持对自己的信心，因为你并不知道，在某一次你充满信心地说"我能行"的时候，机会之门已经悄然向你敞开了。

那在说服他人过程中，如何让自己更有自信呢？关键在于，在说服前要做好三个准备。

首先是心理准备。根据不同的说服对象，在心理上做好各种规划和设想，对于可能出现的情况，对方可能采取什么样的态度，都尽可能想象和假设一下。尽量多想象几种可能性，以应付可能出现的出人意料的局面，有了这些相应的准备，内心至少不会慌乱，同时说服的信心也油然而生。

其次是物质准备。根据不同的说服对象，不同的说服场合，至少应该精心修饰一下自己的外貌，留意一下衣着和服饰，整齐的、体面的穿着容易使人产生自信，而一套廉价和带着褶皱的衣服会让人产生自卑感。小说家茨威格曾和世界象棋冠军对弈，虽然没有获胜，但是他大胆锐利的棋风还是得到了对方的肯定。有人问他为什么能在大师面前坚持那么久，茨威格说，因为今天我手上戴着一枚崭新的戒指，看到它居然使我鼓起了勇气。另外，还应当考虑是否应该准备一些相关数据，或者相关的文件和材料，等等，这些素材准备会让我们在必要的时候有理有据，有条不紊。

再次是方案准备。在说服之前，设计一些方案，谋划一些思路，进行一番演练，比如我们的说服方式是要直线进行还是要迂回曲折，是要欲擒故纵还是要单刀直入……这些谋划也许用得上也许用不上，但是无论它们是否能用在说服当中，它们都会给我们带来一定的心理安慰。

除此之外，要学会自我暗示，以获得说服的信心。心理暗示是发掘自己内心潜力的一种方式，也是运用各种真相和假象来安慰自己的方法。如可以试着和自己的内心对话，倾听自己内心的声音，明白自己的欲求和愿望。每个人的内心都有强大和骄傲的一面，在自我对话当中，试着发现自己内心强势的一面，体会内心深处那个完美和非凡的自己，经过这种短暂的心理调整，我们会发现其实自己并不软弱渺小，有力量和任何人正面交锋。

自信是可以传染的。跟一个自信的人对话，会让人感觉振奋，因为通过他们的自信，也让我们对自己增加了信心。因此，想要让自己的话有更多人听、有更多人信，就要培养一种积极自信的心态。然后将这份自信传递出去，用自信的口吻跟人说话，会让人觉得这个人很优秀，也很有实力。而不自信、不确定性的口吻，则会让人产生怀疑。所以，没有信心，说服的成功率几乎是零。

亲和力：制造融洽的谈话氛围

不论是什么形式的说服，在公共场合发表演讲也好，和他人单独交流也罢，如果你缺少亲和力，不善于制造和谐、融洽的谈话气氛，非但不能让双方放松下来，畅所欲言，还可能会引发对方的抗拒心理，从而影响说服的难度。

美国电影《诺丁山》有一个很浪漫的场面：

> 休·格兰特扮演英国伦敦诺丁山的书店老板和朱莉娅·罗伯茨扮演的大明星安娜陷入爱河，像所有的恋爱故事一样，两个人经过很多波澜，有过很多误会，最后终于打开了心扉。
>
> 书店老板想把自己深爱的女人留在身边。那么，他应该怎样开口呢？怎样才能说服她并且打动她？他选择了在安娜的新闻发布会坦白。面对众多记者，书店老板走上台，抢过话筒，他对着安娜，也对台下所有的人说，自己爱她，并且希望她留下来。新闻发布会成了求爱现场，安娜猝不及防，流下了幸福的泪水，台下的人们情不自禁起立鼓掌。

书店老板成功地制造了一个浪漫、热烈、让人无法拒绝的说服气氛，所以得到了最好的说服效果。

在说服过程中，融洽的氛围能消除对方的抗拒心理，提高说服的效果。相反，紧张、尴尬、不安的氛围无形中会拉大双方的心理距离，增加说服的难度。所以说，说服他人的时候，一定要表现出自己的亲和力，创造一种轻松、自在的谈话氛围。那在平时的说服中，如何体现自己的亲和力呢？

首先，应该选择一个有意味的时机

所谓有意味，指的是这个时机、这个时间会产生一种特殊的含义，能带来一种不同寻常的感觉，从而对我们的说服有所帮助。比如，一些节日，一些有特殊意义的日子，一些不同寻常的纪念日，等等。如果在喜庆的节日里针对特定的人展开说服，受到节日气氛的感染，人们的心情比较愉悦放松，这种氛围下的说服会轻松得多。

如果是平时，最好选择阳光明媚的早晨，上午空气清爽，这个时候人的注意力比较集中，精神状态比较好，在这种氛围下展开说服，能引起对方足够的注意，能加深对方的印象。而一些比较私人的话题，则可以选到下班后、晚上，在这些比较私人的、不那么正式的时间内，这种轻松的时间氛围，会使双方的对话自然而愉快。

其次，学会用语言和动作来调动气氛

美国电影《盗火线》里，做黑社会的罗伯特·德尼罗和做警察的阿尔帕西诺在咖啡厅里相遇，阿尔帕西诺试图说服面前这个人停止他的一系列冒险行动。罗伯特·德尼罗警惕地看着对方，阿尔帕西诺露出一个灿烂的笑容，做出一个惺惺相惜的表情。这两个动作改变了说话的氛围，两个立场对立的人总算坐了下来，开始对话。

在说服当中，我们要学会用语言和行动来制造出有利于我们的氛围。比如，我们可以用笑容来打破僵硬的，有些冷漠的场面；也可以用郑重的表情和姿态来引起对方注意，使一些轻浮的场面严肃起来；我们还可以说个笑话，或者开个玩笑使双方的距离拉近，调整一下绷紧的气氛，使场面变得热情而活跃。语言的魅力是无穷无尽的，在说服之前，我们可以设想一下，应该用哪种语言、哪种姿态，打造出一个有利于说服对方的氛围。

再次，利用好一些有用的"道具"

在说服当中，一些小道具能够起到调节气氛的作用。比如我们办公桌上的一盆花，会让坐在我们对面的人觉得愉快；一套正式的服装，能带来一本正经、一丝不苟的感觉，而且能让对方对我们的话语引起重视；而如果我们想拉近双方的距离，我们可以选择休闲的、随和的妆扮，说服的氛围会显得随意而没有拘束；如果要面对的是一个好朋友，那么一本相册、一张旧照片，可以激发对方很多情绪，从而有利于我们进入对方的内心世界。因此，在说服之前，根据不同的说服场合，不同的说服内容，不同的说服对象，如果我们能准备一个富有意味的道具，会使说服气氛发生意想不到的变化。

环境会影响人的情绪、认识和行为，因而也会影响宣传与说服的效果。所以在做宣传和说服工作时一定要选择或营造一个理想的环境氛围。

信任力：快速突破他人精神防线

不论在职场，还是生活中，说服高手都有这样一种体会：他人对你的的信任往往决定了说服的成败。为什么呢？对方往往会因信任你、赏识你，而相信你说的话，也就是说，当你与别人建立起了信任关系，相应地，你的观点也更易于被接纳、包容。这也是一种很常见的说服逻辑。

许多公知、大 V，知名专家出来讲话，为什么有影响力？就是因为他们的名气很响，即使表达不怎么出众，听众对他们还是会本能地产生一种信任感，即他们的信任力强。比如，你是一所知名大学的教授，应邀到其他学校讲课，那学生就会对你高看一眼。在平时的生活中也是这样，有身份、地位的人，说出的话往往更能服人，如两个同事产生了点矛盾，只要领导出面调解，事情往往容易得到解决。为什么别人不行？因为大家信任领导。

但是，我们每个人都不可能是明星，也不可能是领导，也鲜有光艳的头衔，如此，我们靠什么快速和他人建立起信任关系呢？自吹自擂当然不行，比方说，有个教授到某地讲学，上台后这样介绍自己："各位同学，大家好。我就是知名的教育管理学教授、教育学家催老师，在教育界享有盛名。央视等多家媒体曾对我做过专题报道，还经常到大型国企、机关单位授课，他们都说我妙语连珠、谈吐如流。今天来到这里，也是希望把我的一些心得分享给大家，教大家如何把工作质量提升一个档次。"

如此高调，反而会把自己的格调拉低，很难获得大家的信任。另外，过度拔高自己，还会带来一个坏处：拔高了大家对你的预期，增加说服的难度。

所以，与他人建立信任不能只靠名气，或是"包装"，这种做法反而有损形象，不利于接下来的说服。要快速建立起人们对你信任，除了要摆正位置，在说服时必须要注意三个方面：

1. 发挥"名片效应"和"自己人效应"

什么是名片效应？就是先申述一种与对方观点相同的观点，然后再说出你想说的观点，这就很容易被对方接受。"自己人效应"则比"名片效应"更进了一层，即与听者不仅在观点上一致，而且有某种意义的相似性，如性别、年龄、籍贯、职业、地位、经历、兴趣等，都会使对方产生信任感、亲近感，认为你是"自己人"。有了这些，还怕对方不信任你吗？

2. 不要把对方胃口吊得太高

如果别人对你报有很高的期待，有时，别人还在边上"煽风点火"，大肆吹捧。这个时候，千万不要头脑发热，觉得自己有多了不起，聪明的做法是，要赶快调低大家的预期。比如，有人把你介绍给新客户后，你可以这么说："刚才王总讲的都是场面话，有点高抬我了……"当然，谦虚也不能过度，让人觉得此人也没什么了不起。调动对方预期后，下一步工作就是表现自己的专业，或是特长。

3. 要轻描淡写地描述自己的专业优势

如果一个人要建立起别人对自己的信任，最有效的招数就是关键时刻露一手。比如，一个人想炫富，他和人家说自己有多少钱，人家未必相信，如果他在走路的时候，不小心从身上掉下一块金条，然后漫不经心地拾起来，说："哎呀，不好意思，金条太多了，兜子太浅，一不小心就掉出来了。"这时，旁边的人看了，会怎么想？定会想：哇，这家伙真有钱，可不是一般的土豪。

而将这种心理运用于说服中，就要将自己最拿得出手的资历，以一种非常平淡的口气，漫不经心地讲出来。比方，你可以这样对别人说："你知道，在美国许多商业大腕都没有完成大学学业，这对他们来说，是一件非常普通的事情，有一次我和比尔·盖茨私聊的时候，他说自己之所以没有完成大学学业，是因为他对计算机太过着迷……"

这段话主要讲学习与成功的关系，但在听众的脑海里，一直回荡的却是：哇，这个超牛啊，都有机会和比尔·盖茨聊天了。

这是一种间接展示自己的方法，为的是不引起别人的反感，同时，也能降低大家的期待。正因为是间接，所以运用起来时一定要把握好分寸，否则，谦虚就变成了没有底气，或者，干脆被听众忽略了。

在说服中，对方信任你，才会对你产生一种亲近感，才会自动解除自己的精神防线，才会把你视为"自己人"。所以，迅速地和他人建立信任，是进行说服的重要一环。

引导力：善于创造"是"的氛围

要改变别人的看法，正面交锋常常很难奏效，如果采取迂回战术、以柔克刚，更容易收到效果。古希腊哲学家苏格拉底有一个著名法则，就是说"是"法。这是根据人们思维上的惯性，引导你的对象朝着肯定的方向思考，让他不断在"是"的回答中逐渐转入你所设定的命题范围，成为你所要求的"是"的俘虏。这即所谓的提示引导。

如果你是一个主管，要给下属布置一项具有挑战性的工作，而下属不情愿时，你会大发雷霆吗？如果是，那你就大错而特错。高明的做法是想法让他说"是"。不妨这样问他：

"听说你喜欢足球？"

他回答："是。"

"人们都说看足球很精彩是因为足球具有挑战性？"

"是。"

"看来你对具有挑战性的东西都很喜欢？"

"是。"

"这么说如果叫你去当足球运动员一定愿意？"

"是。"

"即使踢得不好也要去一搏？"

"是。"

"那如果叫你去做具有挑战性的工作也一定乐意？"

"是。"

谈话至此结束，你收到了预期的效果。

如果双方坚持把"不"的观点白热化，说了"不"的人就很难改口再说"是"，因为那样将会把自己搞得无地自容，只好继续"不"下去。这样一来，彼此的"统一"就只能成为空想。试想，如果主管以"不"的态度去责问属下：

"安排你的事为什么不去干？"

"……"

"任务就是命令，必须去！"

"可我从没干过，担心做不好。"

"做不好就不做，要你干什么？"

"要我干会干的。"

"不会干就不干？那你就走人！"

不欢而散的结局不但让主管尴尬，更使企业蒙受损失。

可见，在做提示引导的时候，一定要避免引起一个人的负面连接或观点。

什么叫负面连接或观点？

打个比方，你现在想象你手上拿了一颗柠檬，然后把柠檬汁挤到嘴里，在想象的过程中，你有没有觉得口水分泌增加？在说服过程中，这个柠檬就是所谓的负面连接或观点。你只要引导对方去想这些，就会让对方不自觉地联想一些与之相关的事物。

说服时，提示引导的方式主要有两种：一是叫做因果提示，即运用"而且""并且"的逻辑来引导；第二种是用"会让你""会使你"的逻辑进行"催眠"。提示引导常常是因为之前叙述一些事情，讲的是前因，要把后果连接起来，后果，即要向对方传达的信息。

假如你是销售房地产的，面对前来看房的客户，怎么激起他们购买的兴趣呢？你可以设计一套方案，你可以讲："王小姐，我和你讲了许多关于这套房子的优点，并且看你特别感兴趣，如果你设想一下，自己住在这个房子里面，会是怎么一种感觉呢？"这句话表达顺畅，且不易引起对方的抗拒。或者说："张先生，我知道你现在正在考虑到价格的问题。而且你也会了解品质跟价钱没有办法兼得，因为一分钱一分货。"

当然，也可以用"会让你"或"会使你"来引导，例如，可以这样说："当你正在考虑到要买保险的时候，会让你想象到给你的家人和孩子一份安全的保障是多么重要。"这种做法会把对方的抗拒程度降低很多。

提示引导有两条原则：第一不要和他人说不能什么；第二把前因后果用一些连接词连接起来，然后去叙述他赞成同意的事情，不断地叙述重复他现在目前的身体状态，心理状态。

提示引导是一种潜意识说服，这是一种高明的说服方式，它会产生一种神秘的，让人无法抗拒的力量，让对方跟随你的引导而思考。

领悟力：懂对方的逻辑，话才会说到点上

一个人的悟性高低，不在于他善不善于言辞，而在于他能否在短时间内，通过对方的只言片语，或是隐晦的表述，而领略到对方的真实意图。

要说服一个人，必须先要摸清他的心理，他的想法，而不要只听他嘴上怎么说。所以，在日常交际中，我们要善于聆听他人讲话的逻辑，以此来推理他的意图。通常领悟能力强的人，在听别人说话时，会一边听，一边在心里默默列出对方表达的主要意思，按顺序排列，甚至可以尝试在表述完之后把听到的东西总结陈述出来。这样，不但能听懂对方的弦外之音，而且自己说出来的话才能和对方产生更多共鸣。

领悟能力差的人，很少会考虑别人的说话逻辑，只会注意到对方讲了什么，注意力非常狭窄。听一段话，读一篇文章，经常只注意到某一句话，某一个词，并且在回应的时候也只是死抠这些细节。要使说话变得有逻辑，必须要提升自己的悟性，拓宽自己的注意力广度，只有在时间和逻辑的维度上都能够广泛专注别人说话的内容，才能揣摩清他的真实想法。

三国时的刘备，临死前把诸葛亮叫到床前，将刘禅托付给他，让他监国，还说了一句很著名的话："如果我儿子不成器，你就取而代之吧，废了我儿子自己当皇帝。"这话听着是好事，其实十分阴险！

　　当然诸葛亮个聪明人，知道这不是刘备的本意。就算自己将来有可能玩一招李代桃僵，也不可能现在告诉刘备。刘备要死了，这时候就是要给儿子接班做好铺垫，诸葛亮只要稍露一点异心，那脑袋立马落地。

　　换到刘备的角度看，他希望听诸葛亮说真话还是假话？很显然，他希望听到的肯定是假话，即便他觉得诸葛亮真有可能废了自己的儿子，也希望在临死前听一听诸葛亮表表忠心，好让自己死得安心、走得放心。

　　所以诸葛亮扑通就跪下了，眼泪鼻涕流了一大堆，又是表忠心又是捶胸口，甭管真假，反正搞得刘备很不好意思地咽了气。

　　这就是说话的艺术，领导随时会知道的秘密，有时你要实话实说，有时却需要掩饰和隐瞒。不知有多少人，在这种事情上栽过跟头。他们都觉得自己没犯错、没说谎，但是，你做的是对的事情吗？

　　现实生活中，并不是每个人都是想的那么简单。在有些场合，如果你总是实话实说，或者说话时不看时机，不注意身份，肯定会出问题的。尤其是说服重量级人物，如老板、客户时，有时对方想听你讲实话，有时他又希望你说假话，看似矛盾，其实也是有逻辑的。你如果不了解背后的逻辑，又不善于揣摩对方的心思，却想涨薪、拿订单，比登天还难。为什么？因为你很可能一开口就把自己"出卖"了，或者暴露了自己的底线、意图。而你的底线或意图又是对方不能接受的，那接下来还有什么好谈的。

　　《道德经》说道："天下难事，必作于易，天下大事，必作于细。"在生活中，大凡说话高手，与其说是善于观察细节，懂得察言观色，不如说是他们有很强的悟性。

　　　　周玲是一个特别喜欢音乐的人，她常常痴迷地陶醉在自己的小提琴世界里。在她的熏陶下，十岁的儿子也非常喜欢拉琴，班级的同学经常尊称他为"小小的音乐家"。

有一天放学回家，她儿子高高兴兴地跑过来对她说："妈妈，我们学校下个月将要举办联欢会，我要努力练习，到时候发挥出我最佳的水平。"这让周玲感觉很是开心。

"嗯，好的，你要勤加练习，但是你一定要早点睡觉，不能太晚，影响你第二天上课。"周玲摸着儿子的头，开心地说道。

儿子虽然答应了，但是每天晚上他都要自己一个人练琴到很晚。有一天，隔壁的邻居终于忍不住了，在吃午饭的时候，过来和周玲絮叨了一会儿，说："你家孩子可真努力，晚上十点多都还在练琴，发出叮叮当当的响声。"

周玲听出了隔壁的言外之意，赶紧充满歉意地说："哦，真不好意思，打扰到你了，以后我会让他注意的。"

邻居走后，周玲训斥儿子："不是给你说过了晚上十点之后不能练琴的吗？你看隔壁的都找上来了。"

儿子执拗地说："我就是想练琴，这与他有什么关系，再说你看李叔叔还夸我勤奋呢！"

"李叔叔的意思是你练琴打扰人家休息了，你没听懂大人的言外之意。"儿子一听原来如此，以后晚上没再练过琴。他第一次意识到原来大人的话还有弦外之音啊。

在这个小故事中，虽然邻居夸赞了周玲的儿子，但是这是表面的意思，他碍于面子，不好意思说被打扰了，只有通过弦外之音来表达了。周玲听出了他的弦外之音，才能让以后的邻里关系更加和谐。这是为人处世需要的最起码的悟性，如果连这一点都做不到，你靠什么说服别人？

　　我们在向别人提意见、建议时，是大部分口头进行的，有的人说话比较直接，有的说话比较隐晦。事实证明，如果你有足够的悟性，能够了解别人的真实意图，然后以隐晦的方式提出你的看法，对方往往比较容易接受，即使不接受，也给了双方回旋的余地，不至于把问题僵化。

思考力：想清楚，才能说明白

你有没有遇到过这样的经历：为了表述清楚一件事，自己讲了一大堆，结果听的人还是一头雾水，不知所云。许多人都爱犯这样的毛病，即想说的是一件事，结果东拉西扯，很快就跑偏了，结果给对方留下了"逻辑不清"，"语言表达不佳"的印象。通常，语速很快，信息量大，产生不了说服的效果。

那如何短时间迅速清晰说出你的观点，还能打动人心？除了要善于精准表达，还要懂得结构思考。什么是结构思考？

简单来说，就是有逻辑地思考，知道重点要表达什么，怎么表达，把问题能想清楚，还能说明白。在日常工作当中，无论你从事的是什么行业，在什么样的职位，无时无刻都会涉及思考和表达，它是你做好任何一项工作的必需的核心能力。

你可以想象一个场景，假如说 A 是你的下属，或者是你的秘书，一个工作日的早晨，A 给你打了个电话，在电话当中 A 是这么跟你汇报工作的：

"领导您好，王总来电话说系统出现突发状况，他无法参加 4 点钟的会议了，小张说他晚一会儿开会也没关系，明天再开也可以，但最好别 11 点半之前，可是会议室明天已经有人预定了，但星期五还是空着，赵总的秘书说，赵总明天需要很晚才能从外地出差回来。所以我建议把会议的时间定在星期五的十点比较合适，您看行吗？"

当你听到这样的工作汇报，你有什么感受？肯定是逻辑混乱，条理不清，不知道他主要想表达什么。

究其原因，就是因为不善于结构思考。结构思考力差的人，说话常常是"嗯""啊""呀"，不知所云。要想在最短的时间内，精准表达观点、描述问题，必须把握住四点技巧：

1. 结论先行

在上面的那个汇报工作的案例中，A 的汇报中有结果、有原因，你认为应该先说结果呢，还是先说原因呢？没错，应该先说结果，为什么？因为从听的人角度来讲，换句话叫信息接受者，都特别希望在接受信息的时候知道对方想表达的观点是什么，而且希望能够先听到。所以这种表达方式，跟我们的日常的表达习惯正好相反。我们习惯的表达方式是什么？举个例子：你和一个同学好多年不见面了，一次，他说到你所在的城市出差，约你到公司楼下的饭店聊一会儿，结果聊了半个小时，前 29 分钟都在回忆当年的校园生活，最后 1 分钟说这次来主要想借点钱，也不知道是不是方便。

2. 以上统下

这是我们习惯的表达方式，但其实在正式场合下，为了提高效率，往往应该先说总的观点，后说分的理由，这样可以增加说服力，让观点更加清晰。在前面的案例中，A 说了那么多的原因，其实这些原因是可以分类的，比如说有的是关于人的原因，有的是关于会议室原因，所以当把它分类之后，再表达出来，条理就会变得清晰。

3. 归类分组

分完类以后，这些原因可不可以被概括？平时，你可能很注重分类表达，注重条理，但对于听的人来说，为什么信息量还非常大呢？差别就在于：你只分了类，没有进行概括。对分类进行概括，或是进行提炼以后，从信息传递的效率角度来讲，会变得更高一些。

4. 逻辑递进

我们在表述一些问题时，会谈到很多点，有时显得杂乱，没有先后顺序，没有重点。那怎么办？一定要分析这些"点"，明确它们的属性。比如，汇报工作时，可能会谈到许多人物，这时可以按职务这个属性进行排序，职务高的当然要排在前面。除此之外，还有别的顺序，如按照时间、结构，等等，当你的表达符合一定的先后顺序、逻辑顺序，那么听的人会更容易的理解和记忆。

明确了上面的四点，我们再回过头来看之前的案例。如果 A 想让自己的汇报更高效、准确，可以这样说："领导您好，我们可以将今天下午四点的会，改在星期五的十点开吗？因为王总、赵总和小张都可以参加，而且本周五的会议室还能预定。"

你会发现，这种表达非常得简洁明了。

所以，不论汇报工作，还是说服客户，或是公众场合表达自己的观点，一定要学会提升自己的结构思考力，更有逻辑地表达，这样讲出来的话才更严谨、清晰。

高情商：避免哪怕一秒钟的情绪对抗

我们无时无刻不需要与"人"打交道，大部分关系问题的本质，归根到底，其实是我们在与人交往的过程中不懂得说服。有些人智商很高，能敏锐地通过察言观色进行推理，察觉出别人没有发现的事实，但是情商不高，不善于消除沟通障碍，处理沟通难题，经常会因对方的反对，做激发自己的情绪对抗。

高情商的说服者，不但善于掩饰他人说"不"带来的尴尬，而且能够准确分析对方的心理，并做出合理的回应，让对方感到很舒服、被尊重，以便让对话愉快地进行下去。许多时候，即使对方反感他的观点，也无力辩驳。

小张在一家公司做市场运营。一次，他有一个很好的主意，和上司沟通时，却被一口否定。当时，所有的同事都跟着上司一起摇头说"行不通"。看着上司坚定的眼神和傲然的态度，小张担心，在众人面前拿数据证明自己的观点会让上司难堪，于是点头说"你说的有道理"。

几个月后，他看到了一位同事用了他提出的方案，而且很成功。他很后悔自己当时没有勇气说服领导。

后来，在会上他又向领导提了一个方案，还是被搁置了。他一时控制不住自己，一口气抱怨了很多。领导说："我没有否定你的方案，我需要的是，你用你的理由来说服我，而不是抱怨。"

此后，他与领导的关系变得很微妙。

尤其在职场，我们经常徘徊在"不说出来把我自己憋死"和"说出来会把你气死"的死结里纠结，自己也不知道到底该说还是不该说，怎么说。很多时候，最后选择做了"国王的新衣"里的臣子：明明有自己的想法或知道真相，却不愿说出来惹对方不高兴，于是选择了曲意逢迎。

因为我们的预期是，心直口快结果达成最后成功的几率几乎为零。那除了曲意逢迎或心直口快外，没有一个办法能在说出自己不同观点时，让两边都同意吗？

在意见不合，或是情绪高涨且凝固情况下，你必须掌握高情商的说服技巧。否则，你不善于控制情绪，把说服变成争吵，那所有之前的功课都白做了，而且容易激化矛盾，以后再想说服更难了。不止是在职场，生意交涉桌上，还有在日常关系里的夫妻、情侣、朋友间，都需要高情商的说话技巧。比如，和朋友因一事意见不合，结果产生争吵，吵架到后面已经忘了最初是在吵什么，只记得生气，从此感情雪崩。

在说服过程中，避免情绪对抗，要把握好这么几点：

1. 分享你的逻辑

把你内心剧场的演变过程和想法讲出来，也就是把自己的那套逻辑拿出来，让对方探个底，这样，对方就会解开一些心结，避免一些多余的想法。

2. 询问对方的逻辑

真心地询问对方的想法，重复和重述自己的理解，确保信息理解正确，并适当地抛出不同的假设来引导对方分享自己的信息：根据对方的需求，问出背后对方的真正目的。例如，对方不同意你的要求，你可以询问他的真实想法，以及他的顾虑有哪些。

3. 要求同存异

如果对方分享了自己的想法，要表示理解，在此基础上再讲出你的不同观点。也就是，首先在对方的观点上表示认可和理解，其次抛出自己知道的而别人也许不知道的信息，来补充说明自己判断的根据和观点。

4. 找到双方的共同点

找到双方背后的共同目标或共同创造一个新的目标，让双方都满意，在这个基础上再寻找解决方式可以达成目的。在此基础上，双方一起决定下一步：如何找到相关信息、谁是决定人、谁会被影响，并一起记录下结论。

情商低者之所以难以说服他人，是因为他习惯因别人的拒绝而失态、生气，在无法控制自己情绪的时候，更注重猜测，而不是事实，所以说出来的话也是情绪的反应，且缺少逻辑。如此，自然难以获得别人的信任。

把控力：让他的思维跟着你的逻辑走

　　说服别人，不但要有理性的思维，还要掌握一定的控制技巧。在说服一个人时，要有对说服进程总体的认识和把控能力，清醒地知道目前说服工作进展到哪个阶段，这个阶段主要讨论什么议题。很多事情，表面上纠缠的是一个问题，实际上会纠缠到其他各种问题。

　　当由一个问题不停地扯到第二个、第三个、第四个问题……作为一个"说客"，一定要有总体把控的能力，一段时间内把议题控制在一个或两个，不能被别人牵着鼻子走，使议题扩大，议题太宽范必然导致讨论无任何实质成果。所以说服者要有理性的思维，要控制住话题的总体走向。

　　看一个例子。

　　两个人在列车上初次见面。

　　A："老家是河北的？"

　　B："是。"

　　A："是本科毕业吧？"

　　B："是。"

　　A："你在北京上班吗？"

　　B："是。"

　　类似的场景很多人都经历过。看似很平常，实则反映了一些话术技巧。当 B 连续回答了三个"是"的时候，在情绪上就默认自己已经和对方是站在同一战线上了，基于这样的情绪，B 在接受 A 的第四个问题的时候，他的大脑基本上停止思路了，他根本不会再去思考问题了，而会习惯性地说"是"。

谁控制了话题的时候，谁就有主动权。职场中这种例子很多，设想一下，某一个清晨，一个同事走入你的办公室，说："我们一起聊一下这个项目的操作细节吧？"于是你把手头的计划推开，然后进入他的话题，不知不觉一聊一上午过去了，结果你发现，明明半个小时可以聊完的话题，却用了一个上午。

为什么？

因为你没有控制好话题。如此，不但增加了沟通的时间成本，而且沟通也很低效。正确的做法是，在沟通前就问清楚对方，要解决的问题是什么，把所有的问题写到纸上。讨论前，给自己一点时间，整理自己的思路，并做好书面整理。讨论的时候，陈述自己的观点，对于无法达成共识的问题，先搁置。对于已经解决的问题，做好标记。最后约定下一次的沟通时间。这样你就不会让自己的时间莫名其妙被打劫。

如果遇到矛盾或者纠纷，你依然要具备控制话题的能力。具体怎么做呢？关键做到两点：

1. 有事坐下来谈

心理学研究表明，人的情绪高低与身体重心高度成正比，重心越高，越容易情绪高涨。因此站着沟通往往比坐着沟通更容易产生冲突，而座位越低则发脾气的可能性越小。所以，在讨论有可能发生争议的问题时，一定要先让对方坐下来，身体放松。他讲的时候，你可以做些记录，记录的时候，你可以点头表示已经落实到书面文字上了，当然点头并不表示同意对方的观点。最后，由你来梳理谈话内容，你可以说："为了使我理解准确，我和您再确认一下。您刚才的意思有以下七点，第一点是……第二点是……您认为我理解的对吗？"

当你说的时候，对方就会反过来专心听你重复的话，寻找自己思路的错误或遗漏之处，进而平静下来。滔滔不绝的人未必是真会说话的人，围绕目标说话的人，才有精警之心。说话也要讲究效率。别人说 20 句话才搞定的事，你说 10 句能达到效果，这就叫高手。

2. 用最少的话表达最想要的结果

生活中太多的时候，都需要控制话题。要规划一下，重视自己的表达，以最少的话表达最想要的效果。当你的朋友来找你抱怨的时候，他不停地诉苦，你要选择无奈地听吗？只要你听，他就会永远说不完。适当的时候，问一句："既然这样，我们做点什么，改变这一切呢？"迫使对方沉默，迫使对方也进入一个冷静的理性的状态。

而且，这样做的好处是，你没有替对方做任何决定，而是激发他来自我思考人生，并为自己的人生负起应该担当的责任。不但我们要应对别人说出来的话题，而且还要提醒自己不要做一个无聊话题的发起者。例如，你看到同事的表情很兴奋，就忍不住问一句："为什么心情这么好呀？"那么对方很愿意和你分享他的经历，他开始聊起昨天晚上的经历，滔滔不绝……你不好意思打断，一个小时过去了，发现自己今天该做的工作都还没有开始。控制话题，不随意发问，是对自己，同样也是对他人时间的尊重。

对于说服者来说，控制话题非常重要。从话术的角度来说，说服的过程就是控制话题，不要轻易地被对方的问题所控制，也不要总是顺着别人的思路走，而要将话题牢年地控制在自己的优势上，才能更好地展现自己的说服力。

善协妥：说服不是命令，要能谈会让

协妥也是一种能力。谈到妥协，最容易想到的场景就是各种谈判。可以说，谈判的本质就是说服，在谈判中，双方都会尽最大可能争取到对己方有利的条件或结果。但成功的谈判，往往也是相互妥协的结果。可见，说服不一定非得让对方做出让步，而是在自己做出相应让步的同时，争取到更好的结果。从这个角度看，妥协与成功说服存在一定的逻辑关系。毕竟，说服不是命令。

在说服过程中，如何以必要的妥协为筹码，赢得更好的说服效果呢？主要有四个持巧：

1. 拿捏好让步幅度

举一个大家都熟知的例子，平时购买家电、家具的时候，经常会碰到这种情况，对方出价一万元，然后让步到九千元，再到八千五百元，直到八千二百元。你可以看得出来，对方让步的幅度是一千元、五百元、三百元，让步幅度是递减的，幅度越来越小。

这样给购买者造成的感觉是：让步越来越难了，越来越接近底线了，到了后面是让步不了的。试想一下，如果反过来，先让步三百元，再五百元，再一千元，很容易让对方产生让步空间越来越大的印象，越到后面的谈判，越会认为你还有更多的空间可以让步。

做到让步幅度递减，就要掌握让出的第一步是多少，一般来说，第一次让步的幅度是最大的。如果你是卖场的经理，你的价格底线是让二千元，那么第一步让一半，也就是一千元较为合适；如果你准备让一千元,第一步让五百元较为合适。这样后面的让步才可能越来越小。

比如,某酒楼为了招揽生意,推出了"聚划算"的优惠活动,如下面所示:满20人,9折;满30人,8.5折;满50人,8.3折;这样设置的价格梯度就比较合理,给消费者感觉是越来越难让步了。在给对方让步的时候,让步幅度需逐步递减。

2. 掌握让步时间

除了让步的幅度之外,还需要掌握让步的时间。尤其在商业谈判中,让步的节奏应该是越来越慢的。也就是说,第二次让步到第三次让步的时间,要比第一次让步到第二次让步的时间长,有句俗话说得很形象:磨的时间越来越长了。如果不巧妙把握好让步的时间,对方会认为你让步很容易,反倒可能增加他的期待,进而提高要求。

比如在工程产品采购谈判中,供货方要求采购方首付款必须达到50%,而采购方则坚持30%。采购方让步到35%用了两个小时的谈判时间,那么再让步到38%,谈判时间至少要大于两个小时,这就能让对方感觉到,再让步是越来越难了。

在第一个案例中,销售家电、家具,作为店老板的你在让步一千元、五百元、三百元时,间隔时间也应该是越来越长的,让步越少,时间越长。所以说,时间是一种很奇妙的东西,可以转化为你的压力,也可以转化为对方的压力。

3. 守住让步底线

在谈判说服中,需要时刻评估自己得到的结果,并提醒自己:能守得住底线吗?

曾经有一个瓷砖知名品牌组织的产品采购大会,消费者一方推举一个顾客代表与该品牌进行砍价,结果,因为让步的幅度与速度没有掌握好，该公司被砍价代表击穿价格底线，最后结果是，卖就亏本，不卖也不行。

如果在谈判中，已经到达自身底线了，有以下几种方法可以帮我们梳理谈判的节奏，不至于乱中出错，忙中出错。

其一，适当地中途休息，在谈判室外面走走，让头脑冷静一下，梳理一下思路，检讨一下是否得到了想要的，是否击穿了自己的底线。

其二，在谈判中，专门有一位同事是监督者，利用谈判中的记录、语言动作提醒谈判内成员，我方的底线在哪里，哪些已经超出了公司的要求。

其三，做好记录，在谈判中准备一个笔记本，记录自身的承诺与对方的承诺，然后对照自己谈判前设定的标准与底线。

4. 算好让步次数

在商务谈判中，到底应该让步多少次？这是一个值得研究的问题。比如说在销售谈判中，你一次性让利20万，与让利10次2万元，给人的感觉是大不相同的。为什么呢？

采购方会认为：好吧，对方让这20万元已经很困难了，价格就这么决定吧。

如果你2万元让了10次，别人会认为你还有11次，12次。所以，让步的次数，一般不要超过3次，否则就会让别人觉得你还能再让步。中国人经常说事不过三，这是有其道理的。

不管是什么形式的谈判，终极目标都是为了说服对方答应自己开出的条件，或是接受自己的某种要求、观点，在这其中，如果不掌握妥协的章法与技巧，就可能掉进一些谈判陷阱。

煽情力：撩起对方的欲望

一个人正常的状态，永远都是不满足的，只要后面没有生存的威胁，他永远都想主动地获取更大的刺激。也就是说，他永远都有欲望，不管是好的欲望还是坏的欲望，不管是保护现在拥有的东西的欲望，还是想要获得更多其他东西的欲望。

当然，一个人有欲望，就会被人控制，被人说服。而只有死人没有欲望，所以理论上，我们可以说服任何一个人——每一个人都有特殊的欲望，这个特殊的欲望可能是一种梦想、一个希望，或是对一个人或一件事的承诺。抓住了他的欲望，就等于抓住了他的弱点。

卡内基和加里在任职卡内基钢铁公司时，都希望金融界大亨皮尔帕特·摩根能够收购卡内基公司，这样他们就能从中获得巨大的利润。令人遗憾的是，他们都未能成功地说服摩根。

后来，什瓦普出任了卡内基钢铁公司的首席执行官，卡内基便把说服摩根的任务交给了什瓦普。

什瓦普上任后，被纽约多位银行家邀请出席一个宴会。于是，什瓦普对银行家们说，他非常仰慕摩根先生，希望能在宴会上见他一面，请他们一定邀请摩根先生出席。

宴会那天，摩根果然应邀出席了。在宴会上，什瓦普做了一次十分精彩的演讲。他对自己所从事的钢铁行业的美好未来进行了展望，描绘了一幅令人神往的图景。同时他还指出，公司与公司之间的合并将会成为一种商业主流，因为这种方式不但能够增进效率、促进良性竞争，更重要的是，它能够为发起人创造巨大的财富。

什瓦普才华横溢，口若悬河，连摩根也情不自禁地被他所描述的那种巨大的利益所吸引，以至于在宴会之后主动找到什瓦普，向他了解情况。经过和什瓦普的进一步交流，摩根毅然以4.92亿美元的价格收购了卡内基钢铁公司。就这样，什瓦普促成了一家坐拥数亿资产、规模宏大的钢铁公司的诞生，他本人也成为这家公司的总经理。

什瓦普之所以能够成功，正是因为他了解摩根作为金融业巨子对于金钱的欲望，并成功地激发了摩根的欲望，使得摩根在欲望的驱使下主动与他进行了合作。

心理学家哈瑞·欧佛斯在他的著作《影响人类行为模式》中曾说："人类的一切行为，皆来自某种特定的欲望。无论在商场、家中、学校还是政坛上，只要能学会如何去激发对方的欲望，定能支配整个世界，获得广泛的支持，否则必将孤独无助。"

横扫欧洲大陆的拿破仑，正是掌握了抓住别人欲望的法则，才笼络了大批意大利士兵随他转战南北，为他效命。

当他面对一群饥肠辘辘、衣衫褴褛的意大利士兵时，这位年仅25岁的法国将军对他们说："兄弟们，我要带你们去世界上最富足的地方，那里到处都是繁华的城市和富饶的乡村，在那里，你们天天可以吃上美味的面包，香气四溢的烤鸡，再也不用过这种衣不蔽体、食不果腹的日子！"就这样，拿破仑激起了士兵们对温饱的强烈渴望，从而使士兵们心甘情愿地跟随他。

在占领米兰后，士兵们再也不必为了衣食而担忧，拿破仑又开始摸索他们新的欲望点，继续激励他们。他使用"历史的创造者""故乡的英雄""亲人们引以为豪的勇士"等振奋人心的词汇激发出士兵们的追求建功立业的雄心。

在埃及的金字塔下，他说道："兄弟们，四千年的历史都在等着你们！"把握住士兵们渴望名垂青史的欲望，又一次激发起士兵们的熊熊斗志。

在进攻莫斯科之前，他再一次发现了士兵们心中最深处的渴望。他说："弟兄们，攻破了这座城，我们就会有充足的供给和温暖的营房了。我们就可以满载着战利品和荣誉衣锦还乡，与家乡的父老欢聚一堂，共享天伦之乐！"他说的正是士兵们想要的，自然拼了命也要完成他布置的任务。

拿破仑的无数指挥战斗的实例说明，他非常擅长将自己的军事计划和士兵们的欲望密切地联系在一起。他正是利用"欲望"的咒语让士兵们为他赴汤蹈火，万死不辞。

因此，当你想说服别人做一件事情的时候，应该首先想办法激发他去做的欲望，然后再让他知道做这件事可以满足他的欲望。比如，如果你想让一位朋友和你一起去露营，你可以对他说："一连工作了这么多天，累坏了吧？想不想漫步在广阔的天空下，坐在清澈见底的小溪边听水流动的声音，在青草的清香中入睡，在篝火旁闻食物的香味……那么，我们周末一起去露营吧！"

所以说，任何一个人都可以被改变，关键是你要能撩起他的欲望，这也是说服术的精髓所在。凡是明白此道的人，可以说服大多数人。

第六章

逻辑方法对路，说服效果显著

很大程度上，方法决定着结果，在说服他人方面，只要方法对路，效果自然显著。反之，方法不对路，说得再多，也没多大效果，甚至会南辕北辙。

兴趣所至，金石为开

俗话说：话不投机半句多、言逢知己千句少。谈话中，没有人会对自己不感兴趣的话题投入过多的热情，而如果遇到自己感兴趣的话题，他们常常会情绪激昂地参与进来。因此，在说服对方时，可以以对方感兴趣的人或事为突破口，进行深入交流。

在生活中，有很多这样的事情：当你试图说服别人时，直截了当地说是很难奏效的，并且还容易引起对方的反感。在这种情况下，我们就需要从侧面寻找突破口，抓住对方感兴趣的话题，从这个话题中，引出自己的要求。

一次，一家公司跟印度军界谈判一桩军火生意，谈了多次都没有成功。这时，这个公司的一个推销员主动请缨，希望能够让自己去完成这个任务。这位推销员事先给印度军界的一位将军通电话，只字不提合同的事，只说想见他一面。开始这位将军不同意，但推销员说："我准备到加尔各答去，是专程到新德里拜访阁下的，只见一分钟的面，就满足了。"那位将军勉强答应了。

推销员一走进将军的办公室，将军就赶忙声明："我很忙，请不要占用太多时间。"说话时态度非常冷漠，让人觉得生意几乎无望了。

但是，推销员一开口，说出的话却更让人感到意外。他说：

"将军阁下，您好！我来是向您表示衷心的感谢的，感谢您一直以来对敝公司采取的这种强硬的态度。"

将军觉得不无惊讶，一时愣住了，不知道说什么好。

"因为您的强硬态度，使我得到了一个十分幸运的机会——在我过生日的这一天，又回到了自己的出生地。"

"先生，您出生在印度吗？"将军脸上的冷漠消失了，并且露出了一丝微笑。"是的，"推销员也笑了笑，说道，"39 年前的今天，我出生在贵国的城市加尔各答。当时，我父亲是法国密歇尔公司驻印度的代表。印度人民是好客的，在这里时，我们一家得到了他们很好的照顾。"

接着，推销员又谈了他美好的童年生活："在我过三岁生日的时候，邻居的一位印度老大妈送给我一件可爱的小玩具，我和印度小朋友一起坐在象背上，度过了我一生中最幸福的一天……"

将军越听越入迷，竟被深深感动了。他当即提出邀请，诚心诚意地说："您能在印度过生日真是太好了，今天我想请您共进午餐，表示对您生日的祝贺。"

在汽车驶往饭店的途中，推销员打开公文包，取出颜色已经泛黄的合影照片，双手捧着，恭恭敬敬地递给将军。

"将军阁下，您知道这个人是谁吗？"

"这不是圣雄甘地吗？"将军很奇怪，不知道他怎么会有甘地的照片。

"是呀，您再仔细瞧瞧左边那个小孩儿，那就是我。四岁时，我和父母在回国途中，十分荣幸地和圣雄甘地同乘一条船。这张照片就是那次在船上拍的。我父亲一直把它当作最宝贵的礼物珍藏着。这次，我要拜谒圣雄甘地的陵墓，以表示对这位印度伟人的思慕之情。"

"我非常感谢您对圣雄甘地和印度人民的友好感情。"将军说完，紧紧握住了推销员的手。

当推销员告别将军回到住处时，这宗大买卖已拍板成交了。

这位推销员成功的秘诀，就是在不能正面说服的情况下，采用"智取"的策略，激起对方的兴趣，间接打动对方。

所以，与人交谈时要"投其所好""避人所忌"。把话说到他人的心坎上，不但能打开交际的大门，让美好动听的语言洒落到对方的心田，而且，还可以把自己的要求转化为对方兴趣的一部分，为说服创造有利的氛围与条件。

对方的虚荣心是你说服他的密匙

人人都有虚荣心。切斯特菲尔德曾说："注意一个人的谈话主题，就不难知道他的虚荣心何在，因为每个人总爱谈论自认为最擅长的东西。"它形象说明了一个人的虚荣之心。

现实生活中，许多人通过虚荣这一人性弱点来获取自己想要的东西，同样，在说服一个人的过程中，我们也可以利用虚荣心这个普遍的心理来达成我们的目的。

我们周围存在着许多这样的例子，比如一位女士周末去逛商场，进入一家服装店，在试衣的过程中，店员会不断地夸她身材好，穿上衣服更漂亮，不管这件衣服穿在她身上好不好看，都会极力赞美。最后，这位女士在虚荣心的促使下，愉快地买下了这件衣服。

她回家后，也许会觉得这件衣服很普通，根本没有店员夸赞的那样合身得体，富有魅力，但是又能如何呢？只能是哑巴吃黄连有苦难言，这就是虚荣心在作怪的原因。

美国作家马克·吐温曾写了一篇具有讽刺意味的小说《羊皮手套》。小说中，直布罗陀为自己的虚荣心吞下了苦果。

那天，船靠岸后，直布罗陀、谭和船上的那个外科大夫来到了大广场。他们遇见了将军、法官、提督和上校等人。他们说他们正准备去法院附近的小百货商店，据说那里有各种各样的羊皮手套，样式精美，价格也很合适。于是他们三个也跟了过去。

到了百货商店之后，店里一位非常漂亮的小姐给直布罗陀拿了一副手套。直布罗陀说我一直不喜欢蓝色的，可这位漂亮的小姐却说："先生，像你这样的手，你不觉得戴蓝色更好看一点吗？"她的话让他有点动心了。他偷偷地看了一下自己的手，不知道为何竟然觉得蓝色确实是挺适合自己的。

当他用左手戴手套时，他感到很窘迫，因为尺寸太小了，而他的手又太大了。"啊，正好！"她却说道。他使劲一拉，真扫兴，竟然还是没戴上。她却微笑着说："呦！我看你是戴惯了羊皮手套，不像有些人笨手笨脚的。"

听到这些甜美的话，他只知道应该把羊皮手套戴上。刚一使劲，手套竟从拇指根部一直裂到掌心去了。他拼命地遮掩着裂缝，此刻她还在一旁大灌迷汤。他想自己不能不识抬举，就待在那里继续听她说话。

"呦，您真有经验！"她说着，这时，手背处又开了个口。

"这双手套就像为您量身定做的一样，您的手真细巧。万一绷坏，您不必付钱。"此刻手套的横里也绽开了。"我一向看得出什么样的先生最适合戴羊皮手套，像您这样戴才显得大方，只有老资格才会这样。"这时，手套指节那儿的羊皮也裂开了。一双手套已经变成了叫人看着伤心的垃圾。

但是因为他的头上已经被售货小姐戴上了七八顶高帽子，所以，他没敢把手套扔回到美女的手里。

此刻他又好气又狼狈，但他的心里还是挺高兴的。他虽然感觉很害臊，但是面子上却开心地说："这双手套正合适，恰巧合手。我喜欢合手的手套。不，不要紧，夫人，不要紧；还有一只手套，我到街上去戴。店里头真热。"他付了账，还给小姐

第六章
逻辑方法对路，说服效果显著

绅士地鞠了一躬，离开了小百货商店。当他回到街上，回头望去的时候，发现刚才那个女人在哈哈大笑。绕过这条街，他把手套扔进了垃圾桶，唯一让他感到欣慰的是同行的两个人回到船上并没有把这件事情声张出去。

看完这个故事，有人可能会在大笑的同时唏嘘。其实生活中未尝不是这样呢？

就是因为他们有这种虚荣心，不断地追求荣耀和光彩的表面，我们才有可能可以利用他们这种心理，满足他们的需求，进而来说服他们。

老子说："将欲歙之，必固张之；将欲弱之，必固强之；将欲废之，必固兴之；将欲取之，必固与之。"这句话是要告诉我们，要想达到某种目的，我们要学会转换思维，以达到"峰回路转，曲径通幽"的境界。虚荣是人的天性，只要我们能把握人的这个特性，满足对方的虚荣心，就会使对方在不知不觉中认同你的观点，达到说服的效果。

当然，我们要保证我们的观点是正确的、有益的、健康的，只有这样我们才能使对方感受到我们的真诚，而不是对我们产生质疑甚至是反感。

赞美的语言最能让人信服

每个人都存在着渴望被人肯定的心理需求，而真诚的赞美最能满足这种需求。一旦我们满足了别人的这个需求，说服就会变得非常容易。

在社会生活中，我们的一言一行都与其他人密不可分，即使最特立独行的人，心中也希望获得他人的肯定。如果你真诚地赞美一个人，必然会让他感到鼓舞，认为你理解了他的价值，对你心存感激，视你为知己，进而愿意做更多你希望他去做的事。

一位焦虑的父亲带着儿子来到心理学家的办公室。父亲说："这个孩子让我伤心透了，他身上连一个优点都找不到。"心理学家注意到，他说这句话时孩子的眼角噙着泪水，显然，父亲的这种说法已经伤透了他的自尊心。心理学家决定把孩子带回家帮助他。任何孩子都有值得称赞的地方，于是，心理学家开始从孩子身上寻找某些他能给予赞许的东西，结果他发现这孩子喜欢雕刻，并且工艺很巧妙，而他在家里曾因在家具上雕刻而受到惩罚。于是，心理学家为他买来雕刻工具，还告诉他如何使用这些工具，同时真诚地赞美他："要知道，你雕刻的东西比我所认识的任何一个儿童雕刻得都好。"不久，他又发现了这个孩子几件值得赞美的事情，他同样采取了热情赞美和鼓励的方法。日子一天天过去，这个孩子的变化使得每个人都大吃一惊：没有什么人要求他，他把自己的房子清扫一新。当心理学家问他为什么这样做时，他说："我想你会喜欢。"

人在被欣赏和称赞时，心理上会产生一种"行为塑造"——我们会试图把自己塑造成具有某种优点的人。并且，这种塑造有心理强化作用，会不断鼓励自己向着某个好的方向发展，真正具备人们口中的某些优点。正是在这种自我塑造的过程中，我们产生了一种不断前行的力量。

在居民小区的早点铺子里，有两位顾客都想让老板给他添些稀饭。一位皱着眉头说："老板，太小气啦，只给这么一点，哪里吃得饱？"结果老板说："我们稀饭是要成本的，吃不饱再买一碗好啦。"无奈这位客人只好又添钱买了一碗稀饭。另一位客人则是笑着说："老板，你们煮的稀饭实在太好吃了，我一下子就吃完了。"结果，他拿到一大碗又香又甜的免费稀饭。

可见，如何赞美别人也是一门学问，并非一切夸人的话都会让人心花怒放，倘若赞美并非发自真心，说的与实际情况不符，比如明明是丑女却夸她美若天仙，那只会引起对方的反感。只有基于事实的赞美，才会让对方欣然接受，并觉得你是真正懂得欣赏他的人。

古时有一个说客，说服别人的功力堪称一流。他曾当众夸口道："小人虽不才，但极能奉承。平生有一志愿，要将一千顶高帽子戴给我遇到的一千个人，现在已送出了999顶，只剩下最后一顶。"一长者听后摇头说道："我偏不信，你那最后一顶用什么方法也戴不到我的头上。"说客一听，忙拱手道："先生说得极是，不才走南闯北，见过的人不计其数，但像先生这样秉性刚直、不喜奉承的人，委实没有！"长者顿时手持胡须，扬扬自得地说："这你算说对了。"听了这话，那位说客哈哈大笑："恭喜先生，我这最后一顶高帽已经戴到先生头上了。"

这个故事生动地说明了，再刚正不阿的人，也无法拒绝一个说到他心坎上的赞美。每个人身上都可以找到值得夸赞的地方，只要我们有一双善于发现的眼睛，努力去找寻别人值得夸奖的极小事情，寻找你与之交往的那些人的优点，那些你能够赞美的地方，形成一种每天至少五次真诚地赞美别人的习惯，这样，你与别人的关系将会变得更加和睦。

所以说，说服他人的时候一定不要忘记赞美，真诚地欣赏和赞美他人，是说服的一个强有力的武器。

利用对方渴望被重视的心理

人人都有渴望得到重视的心理需求，没有人愿意被人小看。如果我们遵从这一法则，不但会让说服变得简单，而且可以得到许多友谊和快乐。

心理学家弗洛伊德说："每个人都有想要成为伟人的欲望，这是推动人们不断努力做事的原始动力之一。"现实生活中，每个人都在努力、奋斗，让自己生活得更好，得到更多的尊重与认可，鲜有人自甘堕落，遭人鄙视。这是因为，渴求别人的重视是人类的一种天性和本能。在说服的时候，如果能遵从人们的这一生存逻辑，利用好人们渴望被重视的心理，往往会达到事半功倍的效果。

有一位老总，想让一个下属到偏远的分公司任职，但又担心下属因此产生被遗弃的感觉，影响工作情绪。为了避免这种情况发生，老板是这样和下属说的：首先，老总把下属即将要去的地区的经济状况、营业状况说得一团糟，但又极具挑战性；然后，他拍着下属的肩膀，用充满信任的语气说："如果再这样下去，我们的分公司就得关门大吉了。值得庆幸的是，公司有你这个不可多得的人才。只要你到那里，跟公司一定能够起死回生。其实，我也不想让你走，但公司又实在不想放弃那个市场。"

这位下属听了上司如此推心置腹、器重他的话，不但没有感到委屈，反而信心满满地上任去了。

这位老总之所以能说服下属，就是很好地利用了对方渴望受到重视的心理。俗话说，"士为知己者死"，有人如此看重自己，还有什么困难是克服不了的呢？

现实生活中有些人之所以很难说服别人，就是因为他们忘了这个重要的原则——让他人感觉到自己很重要。他们往往喜欢表现自己，一旦事情成功，他们首先看到的是自己的功劳有多大，其实这就是在向别人表明："你们确实不太重要。"这样做的结果便是，无形之中伤害了别人，导致别人不愿继续合作，最终损害的还是自己的利益。

其实，我们遇到的每一个人，都会在心里认为自己某些方面比我们更优秀，而一个绝对可以赢得他的心的方法是，以不着痕迹的方式让他明白，他是个重要人物。

小李与小王是好朋友，一次小李在工作中遇到一份材料要翻译，恰好他自己没有时间，于是马上想到了英语水平很好的小王。下面是他们二人的对话：

小李："小王，最近气色不错嘛，听说你挺清闲的？我可就没你自在了，整天忙得要死！没办法，能者多劳嘛，嘿嘿。这不，手头又有一份资料要翻译，我哪有那么多时间啊，正好你闲着，就帮我翻译一下吧，这礼拜就要噢！"

小王："这礼拜？恐怕我没有时间帮你翻译了，公司下周有一个重要会议，我得准备材料。你的英语水平那么好，何不自己翻译呢，我连本职工作都没做好呢，还是别给你添乱了吧。"

上例中的小李想要说服小王帮他翻译材料，可是他的言语中没有一点诚意，反倒有意无意抬高自己贬低小王，这样怎么可能说服得了别人帮自己呢？

再让我们来看看成功的说服方法：

　　小李："小王，最近有空吗？我手头上有一份特别重要的材料要翻译，我水平有限，怕翻译不好，你的英语水平那么好，可否抽点时间帮我这个忙？"

　　小王："别这么说嘛，咱们多年的朋友，这点小忙我还能不帮？交给我吧，保证让你满意！"

那么，同样是请求帮忙翻译，为什么这回小王很轻松地答应下来了呢？就在于这回小李在请求小王帮自己做事时，充分肯定了小王的能力和价值，让小王的自尊心得到了充分的满足，还怎么忍心拒绝小李的请求呢？

所以，我们在说服别人的时候一定要让对方听了高兴，而给予对方充分重视则是让他高兴的最好方法。如果被说服的人感到自己的需求得到了充分的满足，那么哪怕是"不合理"的要求，他也会欣然接受。

迎合需求，让说服变得"可口"

没有需求，就没有说服。如果你出售、获得和制造的东西，别人都没有需要，或者你的意见与建议对他人无用，那就无从说服别人购买你的东西，或是听你的意见或建议。

也可以说，制造需要是说服他人的第一准则。怎么制造？要着眼于马斯洛需求层次理论，考虑不同领域的需求——无论是生理、安全和保障、爱和归属感、自尊还是自我实现的需要，从这些需求中，你肯定可以帮对方找到他缺少的东西，然后告诉他，这些东西只有你才能完善。

很多时候，我们被广告耍得团团转，被上级骂得团团转，被下级哄得团团转，被同事骗得团团转。还以为他们说得"很有道理"，其实这个"道理"的"内核逻辑"与卖减肥药无异——牢牢地抓住了你的需求。

那如何通过需求逻辑来进行说服呢？关键要做好五步：

1. 激发兴趣

在开始时，要想办法引起对方足够的注意和重视。把人们"唤醒"，激发他们的兴趣，让他们从思想上快速地"参与"进来。在这里，可以借助幽默、惊人的事例、糟糕的数据或吸引人的故事等任何能够吸引听众注意力的方法将对方快速拉入主题。

2. 创造需求

要想把对方"煽动"起来，先得让他们意识到：需求得改一下了。但是，不要马上和将要提出来的"解决方案"建立联系。这就如同，如果有人打算推销一款产品，不要一开始就给大家看产品，而应该先告诉他们这个产品会帮他们填补什么样的缺陷、满足什么样的需求。总之，让他们相信现状是需要改变的。

3. 满足需要

在向人们展示确切的需要之后，就要开始满足这个需要。这时，可以介绍自己的解决方案，如解释它的工作原理，解决人家的疑问。如果你向某位老板说，他的公司因为某些环节没有实现自动化而每年要多付出 500 万元的成本，而实现自动化的付出其实只需要 200 万元。他会不会想让你马上为他提供自动化的解决方案呢？一定会考虑的。

4. 展望未来

这一步，是说服真正发挥作用的地方。前面的三步是在逻辑上说服对方，而这一步则是在心理上打动对方。让其看到积极的和消极的情况，告诉他们如果没有解决方案会怎样，然后对比有了解决方案后又会怎么样。这样做的目的是把"需求的欲望"烙进人们的脑海里。在描述展望的时候必须现实而且具体，越是现实、越是具体获得的效果越好。你的目的只是让人们同意你的观念，并促使他们采取和你推荐方法一致的行为，为此，可以使用一些方法来分享展望。

5. 呼吁行动

这是整个说服过程中收尾的一步。大家听完你的整个描述之后想做些什么？该做些什么呢？可以直接告诉他们，更好的方式是想办法让他们自己说出来。最好是具体、简单而且是一件在 48 个小时内就能开始做的事，否则会被人们渐渐遗忘。

在具体的说服过程中，操作方法不可一概而论，要根据当时的情景，来巧妙地搭建自己的说服框架。这个框架搭好后，结合巧妙的话术，再运用一定的语言逻辑，你也可能成为鬼谷子一样的人。

情感认同是说服的捷径

物以类聚，人以群分。有相同经历相同兴趣相同性情的人，容易找到共同语言，就容易产生亲密的感情。因此，在说服别人时，要把情感认同作为切入点。

有科学家以测验和问卷的方式了解了某大学的部分学生的性情、态度、信念、兴趣爱好和价值观等，然后把这些方面相似的学生安排在同一房间，再把相异的也安排在同一房间。过一段时间后，调查发现，志趣相似的同宿舍的人一般都成了朋友，而那些志趣相异的则未能成为朋友。由此可见，人们都倾向于和那些与自己相似的人在一起。因为大家彼此有一种认同感，会找到更多共同语言。

所以，我们要说服一个人，首先就要把准对方喜欢听什么样的话，用对方喜欢的方式去和他们交流，这样说服起来会更简单、更容易、更轻松。

明太祖朱元璋建国后，有一天突发奇想：江南之地已归己有，不如叫画工将江南山川画于殿壁上。于是召来画工，命其作画。画工闻言，面露难色："回陛下，臣未遍访江南江山，且才识浅薄，不敢奉诏。"皇上听闻，勃然大怒："小奴才，胆敢违旨抗命，该当何罪？"于是立刻命令刀斧手将画工推出去斩首。此时画工急中生智道："陛下息怒。您遍历九州，见多识广，而且江南是您的江山，您了如指掌，劳陛下先画个轮廓。"皇上一听，果然转怒为喜，挥笔画了一个轮廓，接着命令画工开始润色。画工低头回道："陛下江山已定，他人岂可染指。"这话说得皇上心头大喜，不但免去画工死罪，还赏了他一笔银两。

画工先前说的是一句实话，却引来了杀身之祸，为了保命，只得迎合皇帝性情，结果皇上却很受用，这是因为皇帝高高在上，听不得别人违抗他的命令，但若把他和江山社稷联系起来，便能得到他的认同。

一样米养百样人，不同的人，由于各自性格喜好有别，更加之生活阅历的差异，他们会渐渐养成自己的一套独特的沟通方式与风格。如果我们能够循着这种风格路线去与他们沟通，那么对方会觉得很自然、很舒适，交流起来自然会事半功倍。反之，如果我们不注意、不尊重对方的沟通习惯，而是我行我素，你说东，我说西，那就很难合拍，彼此看对方都会觉得碍事、碍眼，这样的话，就很难把话说到一处。

《红楼梦》中八面玲珑、精明强干的王熙凤可以说是一个很出色的典型。林黛玉初进贾府，凤姐第一次见到黛玉时是这么说的："天下真有这样标致的人物，我今儿才算见了！况且这通身的气派，竟不像老祖宗的外孙女儿，竟是个嫡亲的孙女。"这几句话，看似简单，实则大费心机，短短几句话，把方方面面都照顾到了：一上来先用"天下"这么夸张的词语把黛玉捧上了天，刚来贾府的黛玉年纪尚幼，听完这些蜜语甜言，纵使表面谦虚，心中也是喜不自胜的；但是夸黛玉，也不能让贾府的四姐妹没面子，于是，凤姐后头又说，黛玉的气质，完全就像是贾母的亲孙女，这让当时在场的惜春、迎春、探春和贾府的长辈们听到了，那叫一个舒坦，心里都美着呢；而位高权重的贾母本就喜爱黛玉，现在听凤姐这么一说更是笑得合不拢嘴了。凤姐短短几句话，却收服了所有人的心，说她长袖善舞、玲珑剔透，真的一点不为过。

我们要说服一个人，必须首先获得这个人情感上的认同，而要获得情感上的认同，首先要让对方感觉你和他是一样的人。因此，只有用对方最习惯、最乐意采纳的说话方式去说服他们，才会达到我们想要的效果。

从不满中寻求最佳突破点

在说服过程中，对方的不满情绪，虽然有可能影响说服的进程，但也意味着机会。因为聪明的人善于从对方的不满中寻找突破口，从而改变对方的态度。所以，当对方表示出某种不满，或是对立情绪，要能及时识别，并为我所用。

有位心理学研究者在研究情绪对人谈判决策的影响时，设计实验模拟了生活中一买卖商品的场景，研究结果发现，在一对一的砍价过程中，当买家表露出不耐烦，或是生气的表情时，通常更容易促使卖家做出让步，从而促成交易。

当然，表达愤怒的情绪也可能激怒对方，而且当对方表现出"被激怒"的样子时，你无从判断对方的"被激怒"是否是假装的，此时你可能反而陷入迷惑。即使你一直在假装愤怒，当你认为对方是真的"被激怒"了，感受到敌意时，你也可能会反被对方"愤怒的样子"给激怒了。当双方看上去都很愤怒时，容易导致场面失控。此时如果你的理智更胜一筹，趁虚而入，对方就很容易被抓住把柄，进而被你说服。

所以，在说服中除了要学会识辨对方的不满情绪，还要学会理由应对相应的场面，让自己把握住沟通的主动权。

1. 识别对方的不满情绪

当对方产生不满情绪时，即使脸上不表现出来，也会映射在言行当中，像下面几种情况，都表明对方在闹情绪。

（1）突然做出出人意料的古怪行为。

（2）把门砰的一声关上，或是一屁股坐下去，动作显得很粗野。

（3）说不上几句话就怒形于色，或严词相对，或用粗暴的口气应对。

（4）忽然端正仪容，正颜厉色地说明自己的立场。

（5）对辩论的内容，来个"偷工减料"。

（6）摆出闹别扭、怀偏见、破锣破摔的态度。

2. 理性应对对方不满情绪

发现对方表现异常时，要迅速做出相应的反应，以捕捉最有利的战机。通常针对对方的不满情绪，领导可以依下面的方法行事。

（1）拿出以使对方反扑的话去顶撞，使其不满顿告萎缩。

（2）正在跟对方谈论时，如果发现对方一直心存不满，就要暂停谈论。

（3）可以进行适当的语言刺激，进一步激发他的不满，让他得到彻底宣泄。

这么做两个好处：一是由于不满得以发泄，就如膨胀的皮球，给针戳了一个小孔就泄气那样，不满的情绪就"顿告萎缩"；二是由于不满已经发泄，对方往往不自觉地透露不满的真正原因，可以给说服者带来许多珍贵的情报，说不定从中可以找到说服上的突破点。

（4）倾听对方的不满。

这是一种使之发泄不满的深层说服术，不但可以运用到言语的发泄也可以扩及到人为的发泄。

某公司规定，总经理室要全日开放，公司所有的员工可以随时找总经理，或自由进出总经理室。这个创意，表面上的口号是："上有所通"，其实，真正的目的是"使它成为员工们不满的发泄口"。

又如，不少大企业，都有"顾客抱怨处理小组"。一方面，它有迅速反馈消费者意见的作用，另一方面，也是让消费者发泄不满的渠道。消费者有了尽情发泄不满的机会，当然对那个企业的印象不会变坏，因为，不满发泄之后，人看问题就不会那么消极悲观了，也更容易接受别人的建议。

不论是生活经验，还是心理学研究，都一致认为：当一个人感觉愉快时比他在感觉愤怒时更容易采纳他人的建议。因此当一个人发火时，即使本来好说话的人，也不会听进半句。所以说，当对方对你的观点、要求表现出不满时，不宜针锋相对，要静观其变。只有头脑冷静，才能从对方的情绪中寻找到破绽，才能更理性地思考问题。

引经据典，让说服更有穿透力

经典之所以称之为"经典"，是因为它成功地经受住了时间长河的洗礼，被证明是权威的、令人信服的言辞和观点。因此，经典的说服力，毋庸置疑。当然，也正是因为经典有着巨大的说服力，才经常被高明的演讲者作为论据，以增加自己语言的说服力。这种引用，就是说服中的"引经据典"。说服高手善于通过引经据典来获得别人的认同。

2008年5月，俄罗斯新任国家元首梅德韦杰夫到北京大学演讲。他在礼堂内600余名北京大学师生代表面前，阐述了未来俄中发展战略合作关系的设想和希望。这位被称为"好引经据典"的元首，在演讲中就不时地从中国的传统文化中引经据典，比如，《论语》中的"学而时习之，不亦乐乎"，还有老子的"使我介然有知，行于大道，唯施是畏"，甚至连中国的俗语也引用到自己的演讲中："中国有句话'长江后浪推前浪，世上新人换旧人'。高等学府培养了一代代学者和思想家，他们肩负着科学、经济、政治、文化领域创造新成就的责任。"

梅德韦杰夫引经据典的演讲，为他赢得了北大学子们一阵又一阵如雷般的掌声。日常交流中，引经据典同样有着不可低估的作用。在与他人的沟通中，要想在对方的心中留下一个好的印象，除了外在的形象之外，个人的文化素质也是一个重要因素。而文化素质则需要通过语言来体现，正确地引经据典，则可以提升自己的语言魅力。当然，在引经据典时，一定要做到准确掌握，避免弄巧成拙。

1. 核实原文出处，不要张冠李戴

如果同一句名人名言，可能有许多名家都引用过，那你在引用的时候一定要追根溯源，应该用最早的那位名人说的话。或者某句名言明明是这个人说的，你却把它说成是那个人说的，那就贻笑大方了。引经据典，最忌讳的就是张冠李戴。比如，部尔卫说的"人所缺乏的不是才干而是志向，不是成功的能力而是勤劳的意志"。你就不能把它当作爱迪生说的，否则就可能导致整个说话过程的失败。再如，某句话明明是老子说的，你却说是孟子讲的，非但很难产生说服效果，甚至连之前大家认同的观点，都觉得你是在"胡说八道"。

2. 正确领会原文，不要断章取义

因为同样是说一句话，原著者的意图可能是讽刺，是反意，当然也有可能乍一看上去是反意，但仔细一品味却是褒义。如果你在引用的时候没有弄清楚原著者的本意，就随意地拿过来用，很容易歪曲原意，这对于说话目的也很不利，容易被人驳倒。因此，在引用之前，一定要仔细分析原文的意思，弄通弄懂之后才能加以引用。比如，有一句经典话是"成功是靠 99% 的汗水 +1% 的天赋"，其实后面还有一句，"但很多时候这 1% 的灵感比 99% 的汗水更重要"，如果只强调前面的一句，就断章取义了。

3. 尽量引用原文，不要以讹传讹

事实上，随着历史的发展，文化的变迁，经过时间的洗礼，有很多经典的话，如今已经出现了许多不同版本的说法，这就要求我

们在引用时，要尽量地引用原文，不要以讹传讹，防止错上加错。

引经据典，可以显示自己的博学，但在辩论或是探讨中，引经据典要适度，不要过分堆砌名言金句，否则，都是别人说过的话，怎么体现你的观点？没有自己的观点、思想，只推崇那些有思想人的话，写过的书，就谈不上演讲的语言魅力了。

讲对故事，隐秘说服

我们在解决问题的时候，可以用逻辑、用理性，然而，当我们要去影响别人、让他们认同我们的时候，除了逻辑，我们还需要故事。因为只有故事，才能达到共情、建立人与人之间的连接、让他们站在你这边。

因为人类有一个弱点：不愿意接受现成的"答案"，人们更喜欢自己通过某种途径去思考，然后自己悟出答案！所以，你要讲故事让他去思考，他的感受会更深刻！

古时候，犹太人流传着这样一则故事：

真理，她一丝不挂，饥寒交迫。村里没人肯收留她。她的赤裸让人们不寒而栗，不敢直视。

寓言，发现了真理，见她蜷缩在一个角落里，战栗着，饥肠辘辘。寓言心生怜悯，扶起她，将她带至家中。

寓言用"故事"这件外衣，把真理严严实实地装扮起来，待她暖和过来，将她送出门外。

身披故事的真理，再次叩响了村民的大门。人们见她不再赤裸，马上将她热情地迎进门，并且丰盛招待。后来，家家户户纷纷邀请真理到家中喝茶做客，把屋里的炉火烧得旺旺的，把可口的美味捧出来，他们以能够邀请到"真理"为荣！

是的，真理，有了"故事"这件外衣才有力量！

在你想说服别人的时候，没有比讲故事更有效的方法了。有时候真话会刺痛别人，需要你用故事来包装你的真话，因为故事没有那么直接，更婉转。

运用故事思维，实际上是将道理、事实、需求等必要信息，从多个维度丰富起来，关注人们的情感因素，关注细节，让人们能够从听觉、视觉、情感、想象等多方面来共同体验，得到更真实丰富的多层次的感知。这些融入信息的故事与单纯的信息之间的差别，就如同交响乐的丰富层次的听觉享受之于单一乐器的听觉享受。当人们得到多维的丰富感知时，更容易体验到"身临其境"的认同感，也就更容易接受随之产生的影响。

我国古人很懂故事思维，触龙说赵太后的故事，就是一个非常成功地运用故事思维的例子。

战国时期，秦国攻打赵国。赵国向齐国求援，齐国要求以赵太后的小儿子长安君为人质。赵太后宠爱小儿子，拒绝要求，并拒绝大臣的劝谏。

触龙面见赵太后时，没有开口就强行劝谏，他理解赵太后的做法都是出于爱子心切。于是他先询问赵太后的身体状况和饮食，这种诚恳的关心让赵太后的抵触情绪缓解下来。紧跟着，触龙提出提携自己儿子的要求，这让赵太后产生了"可怜天下父母心"的认同感和亲切感，放下了怒气和敌对情绪。

随后，触龙提出"爱护子女就要为子女长远考虑"的观点，并拿出其他王侯子孙没能维持长久富贵的例子做解说，委婉地道出长安君到齐国为质这件事对赵国和长安君个人将来的意义和长远的好处。触龙的话，都是从赵太后自身的角度和利益出发进行考虑，这种同理心让赵太后顺利接受了他的劝谏。

赵国的其他大臣都直言劝谏，没能说服赵太后，因为他们只注重道理的正确性，却忽略了赵太后作为一个母亲的个人情感因素，把国家利益与赵太后的情感对立了起来，形成矛盾。触龙采取讲故事的方法，对症下药，从赵太后的个人健康和母子感情角度入手，把互相对立的劝谏关系，转化为情感的理解和引导，帮助赵太后把情感与国家和子女的利益统一起来，化解了矛盾，顺利达成劝谏目的。

说服高手都善于通过讲故事来阐述自己的观点，用故事打动人，用故事提升说服效果。当然，好的故事除了有趣、有料外，还要有如下几个特点：

1. 篇幅小

现在的人们生活节奏加快，听故事的心态和审美不一样了。同样是半个小时，过去你可以像说书一样，讲一个很长的故事，或者只讲故事的一个开始，人们也会饶有兴趣地倾听。现在，很少有人会耐着性子听你"说书"。平时，讲故事不要长篇大论，最好三两分钟讲完，讲的时间长了，对方会逐渐失去耐心。比如，20分钟的交流，你用15分钟来讲故事，即使故事很感人，很精彩，那你怎么来陈述你的观点？故事讲得好不好，不只在于情节，也在于篇幅。

2. 听得懂

小刘出国待过一段时间，英语有了一定的长进。回国后，经常参加一些朋友圈的活动，他说话的最大特点，就是"中英结合"，一次，他讲起自己在国外的经历时，喜欢每句话中都掺杂一些英文单词，如："我那时觉得这个 idea（主意）很 nice（不错），所以我就 Call（打电话）他……"他自己觉得这样说话很有范儿，很时尚，其实大家的意见很大：洋不洋，土不土，这也算一种语言风格么？

讲故事不能像说书，故事除了要简短，还要通俗易懂，在情节与语言的编排上不要一味追求新、奇、特，不要过分包装你的故事。否则，最后搞得大家都听不懂，或是理解出现偏差，那这个故事就讲烂了。这就像有些人讲话，总是爱用一些时髦的，或很显水平与档次的词语，结果说出的话不伦不类，让人觉得怪怪的。

3. 记得住

什么样的故事最容易让人记住？肯定情节是简单的。再长、再曲折的故事，其实都可以浓缩成一个小故事，即把故事的几个要素表达清楚，适当丰富一下情节，故事就很完整了。在演讲时，不要把故事往复杂、啰嗦了讲，你讲得越简单，听众越容易记。比如，你讲到自己经历的一件事，不要做太多铺垫，情节也不要展开来讲，也不要牵扯太多的人物，把主要情节交代清楚就可以了，否则，听众抓不住重点，还可能觉得你说话绕。

4. 有共鸣

故事一定要符合对方的口味，讲过之后，要能够引起对方思想或情感上的共鸣。这样的故事就是好故事。那什么样的故事最容易引起人们的共鸣呢？肯定是有杀伤力的，有杀伤力的故事主要有三种：悲伤的故事、高兴的故事、感人的故事。

想让别人信任你，首先要让他们知道你是谁，你的故事。讲好故事，才能抓住说服的魂——故事可以从逻辑上串联起点、线、面、体，只有点、线、面、体都有了，那你展示的就不再是一个抽象的观点，而是一个丰富的世界；故事可以渲染主题，可以隐射观点，可以引发共鸣，当把故事放在一个特定的氛围中去讲，更能增加语言的高度、厚度、深度和力度。

可以说，任何想要说服别人、激发对方情感的场合，你都需要故事。以故事喻理，以故事煽情，不但会提升语言的感染力，也会起到很好的启示、说服效果。

先摆"利"，再讲"理"

当你试图劝说一个人去做某事时，最好先问问自己："如果是我，我会在什么样的条件下才去做？做这件事，会让对方得到什么好处？"

在日常的交往中，善解人意的人总能够赢得人们的喜欢与信任，因为他们能够站在对方的立场上，设身处地地为对方着想。基于这种情况，在说服别人的时候，如果能够站在对方的立场上，为对方的利益打算，势必会取得事半功倍的效果。

在这方面，人际关系大师卡耐基堪称高手。他正是通过这种方式，才让旅馆经理打消了加租的念头。

卡耐基每季都要在纽约讲授社交训练课程，并且，他会在同一家大旅馆租用礼堂，每次租用 20 个晚上。

有一个季度，当他把入场券印好散发出去就要开始授课时，忽然接到旅馆经理的通知，要求他付比原来多三倍的租金。

为了保证授课的顺利进行，卡耐基决定去与旅馆经理交涉。去之前，卡耐基先认真地想了想：通过加租他们得到了什么，又失去了什么？怎样才能说服他们呢？两天后，卡耐基走进了旅馆经理的办公室。

"我接到你们的通知时，有点震惊。"卡耐基开门见山，十分客气地说道，"不过这不怪你，假如我处在你的位置，或许也会写出同样的通知。你是这家旅馆的经理，你的责任是让旅馆尽可能地多赚钱，不然，你的位置将会被别人取代。但是加租在对你们有利的同时，也给你们带来了损失。"

"先讲有利的一面吧。"卡耐基说，"大礼堂不用来讲课，而是用来举办晚会、舞会之类的活动，那你就可以大大获利了。因为这类活动举行的时间一般不长，并且，每举行一次都会收到很高的租金，这比租给我可要有利得多。"

"这我知道，"经理说，"但我不明白，我们的损失又在哪里？"

"你增加我的租金，实际上是降低了收入。因为你把租金提高了，我就会找别的地方举办训练班，这对你们来说是不利的。你想想看，我举办的这个训练班，每次都吸引成千上万的有文化、受过教育的中上层管理人员到你的旅馆来听课，这对你们来说，难道不是起了不花钱的活广告作用了吗？试想，即便你花5000元在报纸上登广告，也不可能邀请这么多人亲自到你的旅馆来参观，可我的训练班却给你邀请来了。这难道不是很合算吗？"

"请仔细考虑后，再给我一个答复吧。"说完，卡耐基便告辞了。

经理认真思考了卡耐基的话，最终让步了。

在整个的谈判过程中，卡耐基始终没有谈到自己想要什么，而只是站在对方的立场上，关心对方的利益得失，最终说服了对方，也达到了自己的目的。

可以设想，如果卡耐基气势汹汹地跑进经理办公室，提高嗓门与经理大声争吵，势必不会取得令人满意的结果。就算他争辩胜利了，旅馆经理自尊心受到伤害，也不会收回加租的决定，这对双方都是不利的。

无独有偶，战国时，李斯也是靠站在对方的立场上谈利益得失，说服秦始皇收回"逐客令"。

战国时，秦国由于地处周王朝西部国境，连年战争不断，导致秦国本地人文化水平不高。所以秦国的高层一般由其他六国人担任，引起了秦国本土势力的深深不满。

有一年，秦国有个叫郑国的韩国水利工程师，在秦国当间谍被抓了。这就给秦国本土势力一个很好的借口。

他们向秦始皇进言，说："只要不是秦国人，就根本不会爱秦。更别提他们能真心诚意地效忠秦国。所以，应该把所有的六国人统统赶走。"

李斯是楚国人，也在被驱逐之列。他听说这件事后，就对秦始皇上了一封奏书，说："现在将秦国高层中的六国人统统赶走，这些人就只能回自己的国家，被自己的诸侯国所用。秦国对六国人的态度如此，想要来秦国效忠的六国人裹足不前。这样，其他诸侯国就得到了大量的人才，秦国会失去大量的人才，这不是给别国送武器粮食来削弱自己吗？削弱自己也就罢了，被驱逐的人不免心生怨怼，被其他诸侯国用来对付秦国，到时候秦国还能完成统一大业吗？"

秦始皇听从了李斯的建议，撤回了"逐客令"。

李斯眼看就要被赶走，他明白秦始皇想要统一中国的理想，上奏书提出逐客对秦始皇实现统一大业的危害，即站在对秦始皇有利的观点上说的。

劝说别人的关键，就是要设身处地地为别人着想，了解别人的想法与观点。如果一味地从自己的角度出发，往往会陷入抬死杠的陷阱。毕竟，你自己怎么样，和别人没有什么关系，只有站在对方的立场谈利益得失，让他相信"听我的，对你更有利"，才会避免在说服过程中各讲各的理，谁也下不了台。

在问题中框定你的答案

在日常生活中，我们经常需要去说服别人做一些事，或者在意见不合时，想让别人听从我们的意见，这时，如果提问对方的时候，以选择题代替是非题，会产生非常好的说服效果。

许多人都有这样的体会，当自己在麦当劳点餐时，若告诉服务生："我要一个汉堡、一杯可乐。"

服务人员会回应说："是！您要一个汉堡、一杯可乐。另外，请问要中薯（薯条）还是大薯？"

于是你接着回答："中薯吧！"

这就是非常高明的"说服术"，对方不问你"要不要薯条"，而是要你在两个答案之间做一个选择："中薯还是大薯呢？"

在说服时，如果存在多种选择，或者犹豫不决时，作为说服者，你可以采用故意缩小选择范围的提问方式，来让对方做出你预期的选择，这种方法也叫封闭式提问，只让对方回答"是"或者"不是"，来达到你问话的目的。比如你希望约见一个人的时候，如果你只是问对方有没有时间，那么对方的回答只能是"有"或者"没有"，而你要是问对方："你是明天有时间还是后天有时间？"那么对方一定会顺着你的思路来回答，答案可能是"明天下午吧"，或者"下周"。这样，你就掌握了主动权。

再如，你去吃板面，人家问你"加两个鸡蛋还是一个鸡蛋"，你说"要一个吧"或者说"要两个吧"。其实你可以选择不要，但他没有给你这个选项，当时只给了你两个选择，你就会下意识地把其他的忽略掉，然后你就进"坑"了。

在实际生活中，我们经常会深陷这种套路之中，领导想激励你努力工作，他会先让你做一道选择题：

A：人生前三十年很辉煌，后三十年很落魄。

B：人生前三十年很落魄，后三十年很辉煌。

你会选择哪个？90%以上的人都会选择第二个，因为人到老年再很落魄会让人难以接受，但前面还年轻就没事，虽然都是三十年，但使用好了给人的感觉是不一样的。

其实，领导知道你肯定会选B，所以，设定了这么一个框架。当你选择了B，也就说明你认可了B表述的观点，这也正是领导要说服你的一个论点。而且，他已经为这个论点准备了充分的论据，所以作为下属，你一旦选择了B，也就意味着你已经被说服了。

在说服他人的过程中，我们也要学会使用这种逻辑，能问封闭性的问题，不问开放性问题，能让对方做选择题，不让他做是非题。你如果在向顾客推销一种商品，最好不要问"你要不要买"，应该问：

"你喜欢A款还是B款？"

"你要两个还是三个？"

同样的道理，像"有没有空"，"有没有时间"，"去不去"……这样的问题要尽可能少问。像问一个人去不去看电影，你会得到两个答案：去或不去；要问："我们周六去看电影还是周日？"给他一个机会选择。

在使用这种说服方法时，要注意哪些问题呢？

首先，要注意使用时间。一般，在说服没有进入最后阶段，不要动不动就让对方做选择题。因为这个时候，对方不知道你要和他沟通什么，你表述的观点是什么，或者说，他对你还没有产生兴趣，你突然问他"你打算什么时候买保险"，"你是今天定签单，还是明天签单"，会显得很唐突，如此，只会碰一鼻子灰。所以问二选一的问题要讲究时机和顺序。

其次，在对方缺少回应的时候，要用封闭式问题打开话题。你表达一个观点，对方没有回应，或是不感兴趣，那再聊下去就会把问题聊死。这个时候，要会提问，可以问："有人说这个问题这可以样看……有人说应该这样来理解……你的观点呢？"如此，就把话题聊活了。

所以，高明的说服者在说服过程中，善于给对方出一道答案相对可控的选择题，以引导对方的思路顺着自己的逻辑走，从而改变他的观点或做法。

巧设悬念，让说服更有诱惑力

在说服他人时，巧设悬念是很常用的一种方法。说话者"故弄玄虚"，布下疑阵，给别人造成一种猜疑和紧张的心理状态，使人在心理上掀起层层波澜，激起别人急于知道答案的欲望，最后再用关键性话语一语道破，让人恍然大悟。

古人云："文人看山不喜平。"大多数人都是这样评价说话高手的："看，他多有智慧。""看，他一开口就妙语连珠，表达观点的方式非常新颖，总能让你有意想不到的发现。"这就是设置悬念表现出来的说话效果。

苏州园林网师园有一个"月到风来亭"，此亭傍池而建，面东而立，亭后装有一面大镜子，将前面的树石檐墙尽映其中。

有一天，一名导游带领游客到此游览时，这位导游对大家说："每当皓月当空的夜晚，在这里可以看到三个月亮。"此话一出，引起了众游客的极大好奇：天上一月，池中一月，怎么会有第三个月亮呢？当游客的脸上露出迷惑不解的表情时，这位导游才一语点破："第三个月亮在镜中。"

众游客顿时恍然大悟，被这位"卖关子"的导游逗得大笑了起来，高兴之余还赞叹大镜子的安置之妙。

巧设悬念，也就是"卖关子""吊胃口"的意思。说话者用一本正经的语气来制造玄虚的悬念，使听者产生紧张的期待心理，并极力思考、琢磨、判断。最后，说话者突然说出对方意想不到的结果，而结果又在真与虚之间。这时，对方的思维在这虚实、张弛之间被带乱了，对说话者的观点无力辩驳。

一天，有个香烟商人在一个集市上大谈抽烟的好处。突然，一个老人从人群中走出，径直走到台前，让那位商人吃了一惊。

老人在台上大声说道："女士们，先生们，对于抽烟的好处，除了这位先生讲的以外，还有三大好处哩！"

商人一听老人说的话，马上向老人道谢："谢谢您了，先生，看您相貌不凡，肯定是位学识渊博的老人，请您把抽烟的三大好处讲给大家听听吧。"

老人笑了笑，说："第一，狗害怕抽烟的人，一见就逃。"台下一片轰动，商人暗暗高兴。"第二，小偷不敢去抽烟者家偷东西。"台下连连称奇，商人更加高兴。"第三，抽烟者永远年轻。"台下听众惊作一团，商人更加喜不自禁，都要求老人解释一下这是为什么。

老人把手一摆，说："请安静，我现在就给大家解释。"

商人格外兴奋地说："老先生，请您快讲。"

"第一，抽烟人驼背的多，狗一见到他以为是在弯腰捡石头打它呢，能不一见他就逃吗？"台下许多人笑出了声，商人吓了一跳。"第二，抽烟的人夜里爱咳嗽，小偷以为他没睡着，所以不敢上他家去偷东西。"台下一阵大笑，商人大汗直冒。"第三，抽烟人很少有长命的，所以没有机会衰老，能不永远年轻嘛！"台下哄堂大笑。

此时，大家去找那名烟草商人，发现他早就不见了踪影。

上面这则故事一波三折，层层推进，把听众的思绪一步一步推向迷惑不解的境地，在把听众的胃口吊得足够"馋"时，才一语道破天机。按照常规思维，抽烟是应该遭到反对的，当老人走到那名大谈抽烟好处的商人旁边时，一般人认为老人要提出反对意见，谁知老人却也是大谈抽烟的好处。商人和听众一样大惑不解，因而急切地想知道原因。最后，老人以幽默的话语作了妙趣横生的解释，既让听众开心，又让听众从商人的欺骗性的思维里走出来，意识到抽烟的危害性。

要注意的是，在说服别人时，设置悬念也是需要技巧的。首先，一定要做好充分的铺垫，不要急于求成。你所说的话要让听者对结果产生错误的预料，然后在听者的急切要求下再将"谜底"揭露出来，给听者一个思考的时间，这样听者就能更加深刻地领略话中的奥妙了。其次，在设置悬念时，要自然得体、顺理成章，有一定的逻辑关系，不要故弄玄虚，不着边际。

第七章

说服不同的人，要用不同的逻辑

就像每把锁都有独一无二的锁芯一样。要说服一个人，就如同寻找打开这把锁的钥匙，靠的不是口才，而是洞悉他人心理的能力及说话逻辑。

说服好胜心强的人：少讲道理，把"对"都让给他

好胜心强的人有一个共同的特点，就是喜欢时刻将自己放在群体中与他人比较，他们的精力更多地放在"比"上，无法容忍自己被超越。这类人通常都比较焦虑，对他人认同的需求也比较多。而且，他们最大的弱点就是容易高估自己，低估对手的能力和事情的困难程度，也更容易去冒险。

在说服这类人时，一定要先顺着他们的那套逻辑说话，暂时把"对"全让给他，不要逞一时口舌之快。

因为说服的目的不是赢得一场辩论，而是让对方默认我们的观点，或是同意我们的要求。倘若只顾着在口头上与人决个胜负，只能加重对方的不满情绪。所以，在非原则问题上可以放弃防守，满足对方的"我是对的"心理，这时再来谈关键问题的时候，往往会收获意想不到的效果。

威廉·麦金莱是美国第25任总统。一天，几个人冲进麦金莱的办公室，向他提出一项抗议。为首的是一位议员，他怒气冲冲，开口就用难听的话咒骂总统。而麦金莱却显得异常平静。他知道，这些人是有备而来，现在做任何解释都会导致更激烈的争吵，这对于坚持自己的决定很不利。他一言不发，默默地听这些人叫嚷，任他们去发泄自己的怒气。直到这些人都说得

精疲力竭了，他才用温和的口气问："现在你们觉得好些吗？"

那个议员的脸立刻红了，总统平和而略带讥讽的态度使他觉得自己好像矮了一截，一时间，他觉得自己粗暴的指责根本站不住脚，而总统可能根本就没错。

后来，总统开始向他解释自己为什么要做那项决定，为什么不能更改。这位议员并没有完全听进去，因为他在心理上已经完全服从总统了。他回去报告交涉结果时，只是说："伙计们，我忘了总统所说的是些什么了，不过他是对的。"

麦金莱总统避开了针锋相对的争辩，在心理上打了一个胜仗，最终为实施自己的决议铺平了道路。

其实，在面对同一问题时，不同的人总会从不同的角度去考虑，人人都觉得自己是对的，想要改变这种想法几乎是不可能的。这时候，一味地争论只能白白耗费时间和精力，对于问题的解决没有任何意义。

即使你在争论中获得了胜利，把对方的论点攻击得千疮百孔，证明对方一无是处，可是那又怎么样呢？你洋洋得意，而对方的自尊心受到了严重的打击，他即使口头上认输，可是心中会越发地不服气，或许还会从其他地方和你找别扭，那时再想谈合作又谈何容易？

刘赫是一家公司的业务员，性子比较急，遇到与他意见不同的人，总是想和对方争个高低。因为经常爱和客户"讲道理"，所以业绩一直上不去。后来刘赫意识到：说服的客户越多，失去的客户也越多。所以，他决定要改变之前与客户打交道的方式。

有一次，刘赫与一位客户见面。之前他就听说，这位客户很难缠，说话一言堂，从来不服输。见面后，刘赫刚介绍完自己的公司，还没有介绍公司的产品，对方就说："你们的产品一点名气都没有，我一直在用外国公司的产品。他们的服务也很棒。"

这次，刘赫没有进行争辩，他谦虚地说："他们的产品的确不错，不但公司实力很强，业务员也很优秀，看得出来您很有眼光。"

顺着这个话题，他们进行了深入的交流。在这个过程中，客户称他在这个行业混了多少年，对这个行业有如何的了解，目的是想怔住刘赫：你可不要乱开价，我可是个十足的行内人。刘赫并没有顺着他的话题谈价格，而是系统地介绍了公司产品的优势，以及公司的前景等。不管对方说什么，他的观点如何偏激，刘赫都不加辩驳。所以，场面很融洽。最后，客户经过性价比计算后，还是选择了他的产品。

当你与别人争论的时候，也许你的观点是绝对正确的，但在改变对方的态度上，你的正确不会给你任何帮助，矛盾永远不能用辩论停止。

虽然说真理是愈辩愈明的，但对于说服一个好胜心强的人来说，却是毫无帮助的。在生活中，像说服喜欢说教的父母、盛气凌人的上司、理直气壮的丈夫，以及爱唠叨的太太们时，一定不要强迫他们同意你的观点，而要学会把"对"让给他们。只有这样，他们才有可能对你心悦诚服。

说服爱挑剔的人：掐准他们在乎的东西

做买卖的人都知道一个道理——"挑货才是买货人"。正是因为想要买，才对一个东西寄予那么高的期望。所以，对事物吹毛求疵的人，必然是对这个事物极其在乎的人。没有在乎，又何来挑剔？

一个吹毛求疵的人，表面上看起来很难应付，但其实他的挑剔已经暴露了他的弱点与软肋。在说服这类人时，关键是要掐准他们在乎的那个点：他在乎什么，你就在什么上面做文章。

"鸡蛋里挑骨头""横挑鼻子竖挑眼""挑三拣四""挑肥拣瘦"……我们常常会用这些生动又形象的词语来描述一个吹毛求疵的人。这种类型的人，很喜欢与人较真斗嘴、争长论短，在某些事情上，他们会非常固执地左右挑剔，这也不满，那也不满，总是纠缠不休。

与吹毛求疵的人打交道，是一个很头疼的事。我们如果与他针锋相对，他挑什么刺我们就跟他摆事实、讲道理，只能正中他的下怀，他会变本加厉地找毛病，你永远也说服不了他。这时候如果我们表现不耐烦的态度，也会落入他们的"圈套"。如果一味保持沉默，对对方的挑剔不加理会，对方一方面会觉得自己被轻视了，被无视了，另一方面还可能把我们的沉默理解成默认，从而更加笃定自己挑剔得有道理，以致酿成更大的误解与误会。

那是不是就没有办法与这类人过招了？

不是！

　　小高是一家房地产公司的经纪人，专门负责二手房的买卖业务。有一位姓罗的客户想要买一套房子，方便孩子上小学。刚好小高公司有一套房子，紧邻当地最好的一所双语学校。罗先生来看了几次房，因为业主要价较高，所以一直没有定下来。

　　这次，罗先生又来看房，小高清楚，罗先生已经有了比较明确的购买意向，之所以迟迟不定，是为了再压压价。果然，刚进小区，罗先生就抱怨道："小高，说实话，这小区真的太偏了，离市区至少得一个小时车程！我每次来看房都不方便。"小高一听，一点也不着急，指着小区旁边的双语学校说道："罗先生，这个小区正是因为离市区远，所以才清静，最适合学习了。您看，那边就是咱们市最好的双语教学学校，小学部和初中部都有。您孩子以后上学放学，连马路都不用过，又安全又省心，十来分钟就能走到了。这样您也放心，不是吗？"

　　罗先生想了想，点点头，随着小高往楼上走。进了那套待售的房子之后，罗先生扫了一眼，又板起了脸。他敲着斑驳的墙壁对小高说："你看看，这套房至少有十几二十年的房龄了，这墙都成这样了，天花板还漏水呢！这样的房子还卖那么贵，能住人吗？"小高早有准备，笑盈盈地回应道："您说得是，这个小区的房子确实都是十多年前建的，但质量过硬，这些年从没出过问题。对了，您知道吗，这套房在这个小区里还挺有名的呢，这些年里，这套房换了两任主人，第一家的孩子考上了北大，后来搬走了，接着住进来的那一家的孩子进了麻省理工大学。所以啊，大伙都说这套房子福星高照。"

　　罗先生眼前一亮，但很快克制住兴奋的情绪，继续说道："有福是好，但这套房子也太贵了点，附近的其他房源我也看过，比这套房要便宜十来万呢！"小高点了点头，说道："这倒也是，没办法，这个小区的房子一直这么火，主要是这些年咱们市的状元基本上都被这所学校包揽，而历年的状元有一大半都在这个小区住过，所以很多家长都想把家安在这里，给孩子最好的教育环境，结果这里的房价比起周边房源来总要高出一截。罗先生，不知道我跟您提过没，去年的省状元也是这所学校培养出来的，他们家就在您这个单元呢。"

罗先生一听，立刻追问道："真的？那个学生的事我也听过呢，他们家真在这单元？"小高答道："是的，您搬进来以后，可以和他们家多走动，那个学生的父母很和气，跟邻里都很合得来。我相信，您的孩子有您这样的好父亲，给他提供这么好的学习环境，将来肯定也会和那位省状元一样前程似锦的。将来一个单元出两个状元，可更要传为佳话了！"罗先生听到这样的话，笑得合不拢嘴，终于，他不再挑剔了，很快就将这套房子定了下来。

这个故事中的罗先生在看房时一直在挑剔房源的毛病，以求压低价格，其实恰恰是他想要购买这座房子的表现。小高正是看透了这一点，牢牢抓住了客户的"死穴"——想买一个有利于孩子学习的房子，才能做到对症下药，不被对方牵着鼻子走。不管客户如何挑刺，如何抱怨，小高始终紧扣住"学区房""状元房"来推介，最后由不得客户不动心。

所以说，说服一个吹毛求疵的人，不能采用"兵来将挡、水来土掩"的方法。一般来说，说服挑剔者需做好两件事：

一是要读懂他们的心理

一个人为什么会对某些事、某些人或者某些东西吹毛求疵呢？

原因很简单,是因为在乎,越是在乎,就越是挑剔。有一句俗话说得好,"事不关己,高高挂起",如果不在乎,如果不关己,那么,一个人就算再喜欢挑剔,也未必乐意抽出时间与精力去纠缠于无谓的事物。

比方说,"望子成龙"可以说是天下父母共同的心愿。很多父母对自己的孩子总是不满意,总觉得哪里还可以改进,即使孩子已经做得很好了,他们还是觉得孩子可以做得更好。可是,你有见过哪个父母对别人家的孩子要求这么高,希望别人家的孩子做得更好呢?由此可见,对一个事物吹毛求疵,并不是因为这个事物不够好,而是因为太在乎、太重视,才恨不得它能够十全十美。理清了这一点,说服吹毛求疵的人就不再困难了。

二是要保持平和的心态

说服这类人心态很重要。面对挑剔者,永远不要跟他们计较,必须心平气和地跟他们解释你的观点,你越急越容易陷入被动。始终保持好心态,几个来回下来,不一定要让他们嘴上服气,而是让他们从心理上赞同你的态度,这也是一种以柔克刚的策略。

说服自卑的人：打好"你可以的"这剂强心针

自卑心理强的人往往有过高的自尊心，他们心理包袱很大，不能轻装前进。在另外一些时候，虚荣心督促你努力奋斗，可是一旦失败，你会比平常还要失望，你的内心所受打击也较之平常要大很多。

我们身边有不少自卑的人，大部分人的自卑情结都源于这两种情况。说服自卑的人走出眼前的困境，振作起精神，不需要高超语言艺术，更不需要声嘶力竭地鼓劲，而是需要遵这样的逻辑：要发自内心地认可他，鼓励他，并提出更高的期待。

比如，一个孩子学习成绩差，比较自卑，老师说："你一定要努力学习，不然以后考不上好大学，找不到好工作。"这种说服方法有效么？事实证明，没有效果，而且会激发孩子的逆反心理，他认为老师不相信他，在"歧视"他，认为他不行，那他就真的就没有学习的动力了。

如果换一种方式，这样和他讲："你的实力远远不止这些，你考的分数这么低，因为你没有用心，你有很大潜力，我相信你有更大的进步空间。"这样，可能会激发孩子的上进心，至少，老师是相信他的。

在生活工作中，面对自卑的人，你想说服他上进，有所改变，一定不要否定他的能力，以及他所做的一切，而要从他的身上找到闪光点，并进行放大，进而对他进行肯定、鼓励，这会从心理上帮他逐渐强大起来。

一位著名的相声演员，年轻时经历了失败，受的打击很大，于是便产生了放弃这一行业的念头。每当他垂头丧气地回到家，妻子便兴高采烈地对他说："你今天的节目表演得真是又有趣又好笑，将来一定可以成为一个著名的相声演员。"

在妻子的再三鼓励下，他又重新拾起了信心，更加努力地工作，终于成为全国著名的相声演员。

不论是大人还是小孩子，如果有人经常对他说"你真行""你真不错"，那么，他的自信心就会在不知不觉中增强，甚至会产生意想不到的结果，而这，将关系着他未来的发展方向。相反，如果有人经常对他说"你不行""你一定会失败"，他就可能真的觉得自己不行，也就失去了信心与斗志，将来也极有可能会失败。

因此，要想说服一个信心不足的人，让他相信自己行、自己一定可以把事情办好，在把事情交代给他时，最好先给他打剂强心针。比如，你可以说"别人我不知道，但我知道你肯定有办法，你一定可以把事情办好"，或者说"凭你的才能，一定可以把事情办得妥妥帖帖"，这样，就让他顿时觉得自己特别能干，也会发挥出更大的潜能，如你所望，把事情办好。

在说服别人做某事时，一定要给对方一定的信心，如果一开始你就对他的能力表示怀疑，那么，他就不会接受你的建议，即使接受了，也不会把事情办好。

说服太自我的人：满足他自以为重要的欲望

在人际关系中，每个人都希望体现自己的重要性，渴望得到重视，这是人类的高层次的心理需要。也就是说，人都有自我的一面。

纽约电话公司曾就电话对话做过一项调查，调查现实生活中哪个字使用频率最高。调查结果显示，在 500 个电话对话中，"我"这个字使用了大约 3950 次。这说明，不管你是什么人，不管你实际状况如何，在内心中都以自我为中心，都感到自己很重要。

那在生活与工作中，如何说服很自我的人呢？

1. 利用好"权威"

太自我的人，大都不讨人喜欢，但要说服他们，有时也是一件不容易的事情。生活与工作中，太自我的人常会认为这也不过如此，那也就那么回事，只有自己最牛。所以，在说服他们时，要适当打一打权威的旗号。虽然他们"熟人眼中无英雄"，但是对权威还是很服气的。有些心理学家做过这样的实验：由两个不同地位的人去说服两个被测试者，其中一个测试者较自我。测试的结果是，较自我的人较容易被地位高的人说服，而不易被地位低的人说服，而两个人对另一个测试者的说服效果相差不大。这个实验可以说明，自以为是的人他们本身喜欢用权威说事，容易向权威低头。因此要想说服自以为是的人，先拿出充分的权威数据，就可以顺利地说服他们了。

2. 给他一个头衔

头衔有很强的激励作用，赋予太过自我的人一个看上去比较重的名声，或是头衔，可以满足他自以为重要的心理，这样在说服他时，可以减少他的一些逆反心理。

亨特是纽约一家印刷公司的经理，他手下有一位技术师负责管理若干台打字机和其他日夜不停在运转的机器，这位技术师总是抱怨工作时间太长，工作太多，需要一个助手。亨特希望改变他的工作态度，可是又不能引起他的反感以致影响工作，要怎么做呢？

亨特既没有缩短他的工作时间，也没有为他增添任何一个助手，而给那位技师安排了一间私人办公室，办公室外面挂上一块牌子，上面写着他的名字和头衔"服务部主任"。

这样一来，他便不再是任何人可以随便下命令使唤的修理匠了。他现在是一个部门的主任，他感到自己很重要。这位"服务部主任"现在很高兴，已不再抱怨了。

由此可见，当你给予一个人充分的重视之后，如给他一个位置，或是赋予他一个头衔，他就会焕发出巨大的热情。

3. 把他当作重要的人

说服太过自我的人，不但要注重说话的态度，还要考虑他的心理需要。在多数情况下，如果你能把他当个重要人物来看，他会很乐意倾听、分享你的一些观点。

玫琳凯是美国成功的女企业家，她用 5000 美元创办了玫琳凯化妆品公司。20 年后，该公司发展成为雇员 5000 多人、年销售额超过 3 亿美元的大企业。玫琳凯成功的秘诀就在于她知道想要激发员工的热情，就要让他们感到自己是最重要的一个。这是她在实际工作中得到的启发。

许多年前，在她还没有创业的时候，在一个"总裁接见日"，为了能同她工作的公司的副总裁握手，她排队足足等候了 3 个小时。当终于排到她的时候，副总裁同她握手、打招呼，但她注意到：他的眼睛却瞧着自己身后等候接见的长长的队伍。

她回忆说："直至今天，我还是一想起那件事就伤心。当时，我暗暗对自己说，假如有朝一日我站在那个位置上，我一定要把自己的注意力全部集中在站在我面前同我握手的人身上。"那一天终于来到了，她总是尽力使每一个人感到他们自己很重要。对此，有人曾问过她："你是怎么做到这一点的？你难道不觉得累吗？"

她说："当然，我往往累得精疲力竭，但我从不改变初衷，因为我曾亲身体验过被一个对于自己来说重要的人冷遇的滋味。把精神集中到你面前的人身上，让他感到自己很重要，永远是至关重要的。切记，永远不要用你不喜欢被对待的方式去对待任何人。"

美国哲学家约翰·杜威认为，"做个重要人物的欲望"是人类天性深处的动力。如果你希望别人感到和你相处很愉快，你就必须让他人感到你十分重视他。心理学家认为：每个人身上都带了一个"看不见的讯号"——"让我感觉自己很重要"！聪明人会立即回应这个讯号，获得满意的效果。

说服傲慢的人：用赞美叩响他的心扉

一个傲慢的人，同时也是一个心灵寂寞的人。一句看似不经意的赞美，最容易引起对方惺惺相惜的感情，是叩响傲慢之人心扉最好的敲门砖。

傲慢型的人，对自己自视甚高，对他人要求也甚高，所以总会产生一种曲高和寡、高处不胜寒的感觉。如果你入不了一个清高的人的"法眼"，那么，要想说服他是非常困难的。但是，这类人也是有弱点的，正因为其清高，所以，他们在审视别人的时候，总是带着居高临下的优越感，觉得普通人与自己比起来有着明显的落差。我们如果能够迎合对方的这一心态，一方面给对方以真诚的赞美，有意抬高对方的身段，另一方面稍稍来一点幽默的自贬，主动放低身段，在这一高一低、一赞一贬之间，对方会获得极大的心理满足，对我们的看法会大大改观，好感也会大大增强。

老李是一位经验丰富的企业培训师，最近，他所在的公司花大力气挖了一个名头很响的培训师回来。这位明星培训师陈军，四十出头，是剑桥的博士，曾经在好几家世界500强企业有过辉煌的履历，才华非常出众。但是，陈军也有一个毛病，他这个人很是傲慢，不是很乐意与其他同事打成一片。

有一次，为了相互切磋学习，老李和其他几位培训师一起去旁听陈军的讲课。听完课后，老李一出门，就忍不住跟一位同事讲道："这个陈军果然名不虚传！别看他平时话不多，讲起课来可是句句说到点子上，从头到尾，一点虚的东西都没有，处处都是实用的！真是山外有山人外有人啊，原来觉得咱这一行也算经验丰富了，今天才知道，我想要赶上陈军得靠开火箭啦！"

过了一会儿，陈军出了培训室，特意来到同事们中间，问大家对他的课有什么建议。不等老李说话，那位同事就心直口快地说："陈军呀，你可真行，老李平常老吹牛说自己是公司最牛培训师，可今天听了你的课，他可服了，说你句句说到点子上，讲的都是实用的。他还说，他是开火箭也追不上你喽！陈军呀，你可是替我们出气啦！"

陈军听了这番话，知道这位同事是开老李的玩笑，但脸上还是浮现出笑意，郑重地对老李说了句"谢谢"！从这以后，陈军还是那个傲慢的陈军，但是对老李却热情了许多，老李则继续在陈军面前表达出由衷的敬佩和自愧不如。时间长了，老李和陈军成为了好朋友。

老李之所以能得到陈军的青睐有加，就胜在他的那一番话。他一方面真诚而热烈地称赞陈军的授课能力，另一方面还不失风趣地自贬了一通，更进一步凸显了对陈军的钦佩。当然，最妙的是，老李的这一番话是由快嘴的同事说出来的，更显得真实，也更有诚意。因为有了这一通话，陈军才撇开了傲慢、清高的架子，对老李有了一些好感，之后还和老李成了朋友。

一个傲慢的人，多多少少都有一些值得清高、值得骄傲的"资本"。正因为有这样的"资本"，所以，他们比普通人更渴望得到欣赏，更渴望得到一位伯乐一般的知音。因而，与清高的人相处，我们要学会欣赏，学会发掘，学会赞美，做他们的伯乐，做他们的知音，这样才能很快地被他们接纳。

说服强硬的人：弱化对立，做好语言的柔道师

态度强硬的人往往固执己见，属于固执又比较顽固的人。这样的人往往过分自信且容易忽视别人的意见。说服这样的人，首先不要跟他对着干，不能指教他，而是要以他的立场出发，循循善诱。俗话说，软绳子捆得住硬柴火。要说服强硬的人，要遵循以柔克刚的逻辑，即不要和他硬碰硬——每个人心里都有一堵墙，但你要仔细在上面去寻找一扇窗，打开它，让阳光照射进去。

《三国演义》中，诸葛亮七擒七纵孟获的故事已家喻户晓。诸葛亮之所以这么啰嗦，就是想用以柔克刚的手法俘获孟获的心，让其心甘情愿地归顺蜀国。

刘备刚刚去世，南中就传来了诸多首领造反的消息。因为南中对蜀国非常重要，关系着其收复中原、统一天下的计划，因此，诸葛亮决定亲自出征。出征前，诸葛亮采纳了参军马谡的建议，即出征的目的不是为了将那些叛乱分子斩尽杀绝，而是要他们归顺蜀汉，以后不再叛乱。这就叫"攻心为上，攻城为下"。

诸葛亮出兵不久，叛军内部发生了很大的变化，孟获做了主帅。由于孟获在当地群众中有一定的威望，当地的少数民族和汉族都服从他的指挥，因此，诸葛亮下令不准杀害他，一定要捉活的。

交战不久，孟获便被活捉了。当他被带到大营时，诸葛亮问道："蜀汉对你们不错，为什么还要造反？"接着，又带着孟获参观了蜀军军营。孟获看到蜀军阵营整肃、军纪严明、士气旺盛，心里暗暗佩服，但嘴上并不服气。他说："我不是被打败的，只是不知虚实，中了你们的埋伏，才被捉的。现在看了你们的军队，也不过如此，真要硬打硬拼，你们也不一定会取胜。"诸葛亮笑道："既然如此，就先放你回去，等你整顿好军队，再来打一仗吧。"然后，吩咐士兵们准备酒席，招待孟获大吃了一顿，把他放了。

孟获回去之后，又连续和诸葛亮打了六次仗，又被活捉了六次。最后一次被擒时，诸葛亮让士兵传信：丞相没脸再见你了，让你回去整顿军马，再来决一胜负。

孟获想了很久说："七擒七纵，自古没有的事情。丞相给了我这么大的面子，我虽没读过几本书，也知道做人的道理，怎么能不给丞相面子呢？"说完，跪在地上，泪流满面地说，"丞相天威，我们再也不敢造反了。"

诸葛亮非常高兴，赶紧把孟获扶了起来，设酒宴款待。最后，又客客气气地把孟获送出营门，让他回去了。

至此，诸葛亮采用以柔克刚的手法，最终说服孟获主动放弃了造反的念头。

从这个故事中，我们可以知道，对于那些顽固的对手，不能使用强硬的手段以硬碰硬，这样对双方都没有好处。就像在这个故事中，如果诸葛亮第一次就杀死了孟获，只能使南中暂时得到安宁，等大军一退，可能会有更多的人造反，对蜀国是很不利的。

俗话说，软绳子捆得住硬柴火。采用以柔克刚的手法，是对付态度强硬者的上策。孟获七次成为诸葛亮的手下败将，本来应该被处死。但诸葛亮不但没有杀他，甚至没有羞辱他，还以贵宾的礼仪接待他，给了他莫大的面子。因此，孟获作为大老粗，从心里对诸葛亮佩服之至，又怎么会不降呢？

诸葛亮本意是想说服孟获归降，但他知道靠嘴是说服不了的，所以他就采用以柔克刚的手法，俘获了孟获的心——心都被俘获了，人自然就归顺了。这比单纯靠嘴去说服高明多了，诸葛亮这一招堪称说服术中的经典。

可以说，强硬的人可谓是牵着不走打着倒退，就像一个死结越拉会越紧，越来越难解开。要想说服这类人，首先不能正面跟他们冲突，态度强硬的人一般有两个强硬因素：一是心理、面子；二是思维问题。所以，说服他们时要从这两个方面一一突破。首先，你的态度不能太强硬，找足你的理由，理论上使他无话可说。最好能结合他的利益，他在乎的事情，顺着他的部分思维跟他好好分析利弊；其次，给他找好台阶，方便人家安安稳稳地下个台阶，这个实在关键，有些人就是死要面子活受罪，所以只要给他做足了面子，他总不可能把里子也全部吞了吧。

如果对方是一个极其强硬且倔强的人，那就等着他撞南墙再回头吧，当他知道自己错了的时候，其实他也不一定承认，但是心理还是会有微妙的变化的。

说服好辩的人：以拙克巧，让对方无用武之地

在生活中，好辩的人又被称为杠头。这类人的最大特点口才过人，且不轻易服输，凡事都要讲出自己的道理，直到把别人驳倒为止。

一个身经百战的英雄，最怕的不是对手如何强大，因为越是强大的对手越能激发他的潜能，让他变得更强。相反，他最怕的是找不到等量级的对手。同样，一个能言善辩的人，最怕的不是遇到口才比他更好的人，而恰恰怕的是"秀才遇见兵，有理说不清"。

一个人口才出众，能言善辩，是一件好事。这样的人往往非常自信，相信任何问题都难不住他的三寸不烂之舌，于是越是善辩，越是好辩。遇到这样喜好争辩而辩才又奇好的人，如果决心与之一争高下，那只会激发对方更为强烈的争辩欲与求胜欲。你一旦激发起对方的争辩欲，那你永远也别希望说服他。

说服理智好辩型的人，一定不要和他正面杠，和他比口才。而要采用一种另类的说服逻辑：多在他们面前显示出你的木讷和笨拙，必要时"装傻充愣"。这种反其道而行的做法会泄掉他的锐气。道理很简单：对方不是好辩么？那好，你只管说，我就耐心听，不做任何回应。这就好比对着空气挥拳头，自己费劲不说，还很无趣。

有一家公司要向美国的一家飞机制造公司购买飞机，这家公司派出了三位高级职员与美国公司商洽购机事宜。美国公司

为了抓住这次商机，确保最大赢利，精心挑选了顶尖的业务精英组成了谈判小组，这几个人口才极佳，在商务谈判中所向披靡，曾经为公司顺利拿下过很多大订单。

之前，美国公司为此次谈判进行了充分的准备，大有志在必得之心。谈判一开始，美方的谈判小组就占领先机，展开了大规模的产品宣传攻势。他们在谈判室内张贴了许多挂图，还印制了许多细致的宣传资料和图片。谈判小组的几位成员花了整整两个半小时，用上了三台幻灯放映机，轮番上阵，像播放好莱坞大片一样呈现了一次精彩绝伦的产品演示，伴随着引人入胜、妙语连珠的产品介绍。而在整个放映与展示的过程中，买方三位代表一直静静地坐在那里，全神贯注地观看。

展示结束了，美方谈判负责人志得意满地站起来，开亮了电灯。他的脸上情不自禁地挂着得意的笑容，仿佛任何人在他们无与伦比的宣传攻势下都会缴械投降。他看向仍然一动不动坐在原地的买方代表，胸有成竹地问道："请问，你们的看法如何？"

不料，其中一位代表眼神迷茫地说："抱歉，我们没有太懂。"这句话是谈判小组所有成员始料未及的，他们脸上的笑容消失了，有些难以置信也有些恼火地问道："你说你们没有太懂，这是什么意思？哪一点还不懂？"另一位买方代表彬彬有礼地回答："我们全部没弄懂。"美方公司的谈判负责人顿时崩溃了，他强压火气，再问对方："你们从什么时候开始不懂的？"第三位买方代表严肃认真地回答："从关掉灯，开始幻灯展示的时候起，我们就不懂了。"

这一下，谈判小组全体成员都泄了气，负责人灰心丧气地倚着谈判桌，松了松颈口的领带，无可奈何地询问买方代

表："那么，那么……那么你们希望我们做些什么呢？"三位买方代表异口同声地回答："能不能麻烦您将刚才的展示重新来一次？"

美方公司的谈判代表无奈之下，只好重新进行演示。第二次演示之后，买方代表仍然提出了很多不懂的地方，于是又有了第三次演示。如此几次三番之后，买方代表终于"懂了"，他们对对方的耐心深表感谢，双方坐下来继续谈判。此时，美方公司的代表们已经被折腾得毫无情绪，只想速战速决，最终的谈判结果是，三位买方代表成功地为公司节约了一大笔资金。

这个故事告诉我们一个逻辑：要说服一个能言善辩的人，并不是一定要比他还要能辩，还要善辩，有时候，扮扮愚，装装傻，反而是应对这类型人的最好方式。这就是商场上经常说的"扮猪吃老虎"。善辩的人，大都好强，而好强的人大都有一个共同点，那就是遇强则强，遇弱则弱。我们与他们硬碰硬，只会激发他们的斗志，让他们变得更加强大。所以，我们不如以柔克刚，以弱势去回应强势，让对方一记重拳打在棉花上，泄了他的气，双方才有可能摆脱口舌之争，真正坐下来，聊一聊切实的话题。

说服倔强的人：把握好逆反心理这个弦

在我们的身边，总有一些性格倔强的人，你说应该从东走，他偏要说从西走，你说这样做不对，他偏要证明这样做是对的。他们说话认死理，做事一根筋，一旦认定的事情，你怎么劝说他们改变主意，都是不可能的。

可以说，说服这样的倔强如牛的人比登天还难，为什么？

因为这种人骨子里有一种逆反心理。在这种心理的作用下，他们总喜欢持一种与他人相反的态度，以突显自己的自尊。不管你说什么，他们不是不爱听，就是不理会，甚至还会与你顶嘴、讲道理。总之，就是与你对着干。

可以说，我们每个人身上都有一股倔劲儿。很多孩子逆反心理作祟，家长和老师都不希望自己的孩子和学生谈恋爱，但当家长和老师全力去阻止的时候，他们就是越要在一起，不会分开，如果家长或者老师让他们在一起，他们还不想在一起呢！很多想要跳楼的人，当旁边的人劝他们不要跳，跳了家里面的人会伤心难过，可他们还是一意孤行地去跳楼；如果让他们想跳就跳，他们可能会感觉没有意思，因为这样的感觉让他们内心感到泄气，伤害到他们的自尊心了，自己要跳楼了，竟然没有一个人愿意来劝阻他们不要跳楼，他们内心的意念达不到预期的效果他们会感到非常的没意思。

据说在明朝的时候，四川有个叫杨升庵的人非常有才华，他曾经还中过状元。以前的状元和现代的高考状元是有很大的区别的，别说是状元了，就是举人也有很多人考了很多年都不能考上。他因为嘲讽皇上，皇上内心对他痛恨到了极点，想要把他发配充军到很远的地方，朝中很多不喜欢杨升庵的人也趁机想要对付他，向皇帝请求将杨升庵发配到玉门关或者是海外。杨升庵因为知道皇帝是一个个性倔强的人，他想要离家近一点，皇帝对他又是怀恨在心。如果向皇帝说明他内心的想法，肯定是得不到允许的，所以，他就对皇帝说："皇上要把我充军，我没有怨言，但我有一个要求。"皇上问："什么要求？"

杨升庵答："宁去国外三千里，不去云南碧鸡关。"皇上问："为什么？"杨升庵答："皇上有所不知，碧鸡关这个地方蚊子有四两，跳蚤有半斤，千万不要把我发配到碧鸡关呀！"皇上就是一个倔强的人，别人害怕什么，他就要做什么，从来没有想过这是杨升庵的计策。最后杨升庵顺利地被发配到碧鸡关。这也是杨升庵最想要的结果。

杨升庵没有说什么，只是利用了皇帝这个人的心理特征，最后达成自己的愿望，俗话说得好："知彼知己百战不殆。"就是要了解对方，才能让自己永远都能赢。

生活中很多人都或多或少地有一股倔脾气，严重的会形成一种偏执型人格障碍。说服这类人一定要利用好他们的逆反心理。如，不要批评他们，多和他们讲道理，对一些事情只陈述事实，不要做评论与价值判断，也就是不说"对"或"不对"，"好"或"不好"。在此基础上，如果能和他们进行顺畅的交流，那再从一个点开始进行开导，然后循序渐进，逐步扩大双方的共识。如此，一步步引导对方认可、接受你的观点。

说服谨慎的人：不急不躁"打太极"

俗话说，心急吃不了热豆腐。一个人要是习惯了慢慢走，就算拿鞭子抽他，他也跑不快，很可能一气之下，动都懒得动了。所以，对付这类人，必须拿出百分之二百的耐心，给他充分的空间，让他自己慢慢作出决定。相反，你逼得越紧，他越反感你，越听不进你的话。

谨慎的性格决定了他们的行事风格，只有对一件事有了通盘考虑，有了缜密的思考，他们才愿意行动。因此，想要说服小心谨慎型的人，必须要有足够的耐性和包容，千万急不得。

小莹是一家房产公司的经纪人，最近她在帮一个姓宋的女客户寻找一套二手的小两居。由于是第一次买房安家，所以客户非常小心谨慎，连着一个多月，前前后后看了七八套房，最后终于对其中一套比较有意向。跟业主谈定价格后，这位宋姐思量再三，终于一咬牙交了两万定金，算是定下了这套房，她跟小莹约好第二天再过来签合同。小莹原本以为终于可以松一口气，不料宋姐交完定金，走出店门没几步，立刻又心事重重地折了回来，犹犹豫豫地跟小莹说道："小莹，我……我能不能把定金拿回来啊？我觉得自己好像还是没有考虑清楚，刚才太急了，这买房的决定做得太仓促了。"小莹看着客户一脸惶惶然的样子，顿时明白了，客户可能是有些过于谨慎小心了。于是，她笑着拉过客户，说道："宋姐，您不要太紧张，来，先坐下来。"

宋姐坐下来后，小莹给她倒了一杯水，等她情绪慢慢平复了一些，才温和地说道："其实呀，宋姐，我很理解您的心情。过去，我接待的好几位客户，都和您一样，虽然交了定金，但心里非但不安稳，反而更加七上八下了，您是不是这样的感觉？"小莹一番话说到了宋姐的心坎上，她不由连连点头道："对呀，对呀，小莹，我不怕你笑话，我现在心里跟乱麻一样。"

小莹安慰地拍了拍宋姐的胳膊，笑着说："宋姐，您有这种感觉就对了。不瞒您说，我上个月也接待了一位大姐，她交了定金后，还没走出我们这个店门口，眼泪就忍不住了，当着我的面就哭了。我真的特别理解，买房对咱普通老百姓来说，那是一辈子的事。两口子年纪轻轻就省吃俭用地攒钱，平时下馆子也不敢随便下，给自己买件衣服都要考虑半天，攒上十几二十年，终于够买房了，把定金一交，就等于快有一个安安稳稳的家了。这在外人看来，只觉得能买房够潇洒，可是谁知道您心底的感受呢。怕，怕的是买下的这套房将来万一不满意；喜，喜的是一家人从此有了安家之地；慌，慌的是一大笔积蓄投进去了，心里多少都有些空落落的。又怕又喜又慌，这些感情一时间全堆在心里，又说不出来，心里七上八下的，恨不得立刻拿回定金跑回家去，好好让自己平静平静。您说我说得对不对？"

宋姐听了小莹这番知心话，眼眶都红了，她激动地说："小莹，你这一番话真是说到我的心里了。不怕你笑话，我这心现在还在扑通扑通地跳，不知道买下这套房是对还是不对。"小莹非常理解地点点头，说道："宋姐，您看是不是这个理儿，人如果习惯了一种生活，突然要改变了，肯定是会不习惯、不舒服，心理慌慌的不踏实。您辛辛苦苦半辈子，现在终于要有自己的房子了，这是多么大的一个变化呀，心理不适应那是正常的。要换做我，啥时候也能像您一样，靠自己劳动买得起房子，我不激动死才怪呢。"客户一听，也不好意思地笑起来，如释重负地叹道："被你这么一说，我心里真的舒坦多了。"

看客户真的想通了，小莹又郑重地说道："宋姐，您放心，我们是正规的中介，绝对不会强买强卖的，如果您坚持要拿回定金，我们也会尊重您的选择。您再想想，想好了的话我就办退款手续。"通过刚刚的交谈，宋姐心上的石头已经卸掉了，这时又听到小莹这样说，终于彻彻底底地定下心来，于是连连摆手，很确定地跟小莹说："不用了，我想明白了，你刚才说得对，我只是心里有些堵，慌了神，这定金我不拿走，明天我一定和老公过来签合同。"

故事中的宋姐，就是一个小心谨慎过了头的人，好不容易作了个决定，但又没有勇气去承担，只好临时反悔。小莹正是看透了宋姐的犹豫不决是因为担心所导致，这个时候如果她坚持劝宋姐买房，反倒会增加对方的疑虑，这单生意就要泡汤了。所以她没有催着或逼着客户，反而充分地调动同理心，慢条斯理地剖析出了客户内心深处的难受、恐慌、彷徨与不安，将客户心里的疙瘩一一解开，既解决了客户的心理障碍，又让客户感觉到了温暖。正是由于小莹这种软着陆的处理方式，使得宋姐对小莹产生了百分百的信任，终于下定决心，买下了房子。

所以说，越是对于小心谨慎的人，越是不能有一丝一毫的急躁。小心谨慎的人就决策速度来说，确实是慢了点，但好处就是，这类人经过缜密考虑后，一旦做出了决断，就会一条路走到底，很少会反悔。所以说，我们的耐性、包容和理解最终能赢得巨大的回报。

说服闷葫芦：用悬念撬开他的金口

何谓闷葫芦？

简而言之，就是话特别少，交流欲望也不强的人。这种人很少坦露自己的内心，在日常生活与工作中，不善与人沟通。所以说服这样的人，一定要学会先撬开他们的嘴。

俗话说，一把钥匙开一把锁。一个沉默寡言的人，他的嘴就好像一把锁，并不是绝对打不开，只是在等一把对口的钥匙而已，而我们要做的，就是找到这把能开启话题、引发谈兴的钥匙。

在一家气氛浪漫的咖啡屋里，一对青年男女正进行一场相亲。女孩虽然相貌并不出众，但气质优雅，一双明眸神采奕奕。男子被深深地吸引，他很想和女孩聊天，可是，这位女孩不太喜欢说话，一直浅浅地低着头。

这位男子灵机一动，他突然冒出了一句话："你的爸爸……你的爸爸是不是当小偷的？"

在这么浪漫的场合，竟然说出这么无礼的话！女孩不由得惊讶地抬起头，带着一丝愤怒地回答道："不是啊！我爸爸……你是知道的，我爸爸是个医生啊！你为什么要说他是小偷啊！"

男子面带微笑，故意沉吟了一会儿，然后慢慢地说："那就奇怪了，如果……如果你爸爸不是当小偷的，那他又怎么能够到夜空里，将天上的星星偷偷摘下来，放在你的眼睛里呢？"

女孩听了这句话，不由羞怯地笑了，她不好意思地瞪了男子一眼，终于抬起头，跟这位男子开心地聊了起来。

我们常说"沉默是金"，但是，如果两个人正促膝而坐，那么其中一个人的沉默对另一个人来说绝不是金，而是夏日的火炉、冬日的冰，只会让人坐立难安，度日如年。要是没有人打破这种沉默，那会是相当折磨人的一件事。

"逢人且说三分话，未可全抛一片心。画虎画皮难画骨，知人知面不知心。"这是《增广贤文》中的一段话，说的是现实生活中，人心难测，千万不要见了谁都掏心掏肺的，要有所保留才行。有些人非常信奉这种观点，他们总是尽可能少地表露自己的想法与意图，尤其是对那些初次见面或者首度共事的人，更是要谨慎一些、提防一些，不能"竹筒倒豆子"一般将自己的真实心理与想法口无遮拦地和盘托出，以免给自己惹来麻烦，留下后患。在生活中，我们常常将这种类型人称为"闷葫芦"，他们遇人遇事，都不太喜欢说话，不太喜欢表达，总是藏着掖着，让人捉摸不透。

你不说话，我也不说话，大眼瞪小眼，沟通就会陷入冷场，肯定不利于说服。而如果只是一方滔滔不绝地说，另一方却缄口不言，那这也不是成功的沟通。只有采用具有悬念的话题，钓足对方的胃口，让"闷葫芦"开口说话，我们才有可能了解对方，并进一步说服对方。

小张是一位保险业务员，业务能力很强，不过最近碰到的客户严先生却让他相当头疼。小张之前与严先生接触过一次，他发现，这位严先生沉默寡言，是典型的闷葫芦，很难接近。两个人聊起天来，总是小张一个人在唱"独角戏"，严先生总是一副高深莫测、不置可否的样子，让人摸不透他的底细。小张打算今天再去碰碰运气，要是仍然不理想的话，那只能放弃这个客户了。

这回一见面，还是老样子，严先生礼貌地给小张递了一杯水，请他落座之后，就静静地坐在一边，等着小张开口。小张心里明白，像往常那样介绍保险的好处，即使自己说得天花乱坠，对方也会像往常一样毫无反应。于是，他没有谈保险，而是举起那杯水，问客户："严先生，我只想问您一个问题，您看，就我手里这杯水，我现在10元钱卖给您，您会买吗？"严先生愣了愣，见小张一脸正经，不像开玩笑，于是带着点不解摇头道："肯定不会，它不值那个价。"

小张并不解释，而是接着问："假如您三天没有喝水了，我拿着这杯水，100元卖给您，您会不会要呢？"严先生皱着眉头思考了一会儿，还是摇摇头。

小张又道："好的，那么假如您在沙漠里迷了路，走了六七天也没有找到一滴水，再不喝水生命就要受到威胁。这时候，我拿着这杯水到您面前，1000元卖给您，您会不会买下来？"严先生若有所思，似乎想通了什么，他认真地回答："要真是那样，这杯水我肯定是要买的。"

小张微笑着点点头，终于不再卖关子，他说道："其实，严先生，我想跟您聊的这个保险，就跟这杯水一样，您现在不需要它，所以10块钱卖给您您都不稀罕，但是一旦将来到了您真正需要它的时候，就算花几十倍甚至几百倍的钱都买不到了。我相信您是个深谋远虑的人，居安思危的道理您一定很理解。"

严先生沉思了好一会儿，小张没有再说话，而是给他充分的时间去思考。过了一会儿，严先生主动拿过小张带来的保险建议书，认真翻看了起来。最后，他真的按照小张的建议投了保。

故事中的严先生就是一个自我保护意识很强的人，他不会轻易袒露自己的思想，因为那样容易掉进别人设下的语言圈套。小张为了打破严先生的沉默，开场一句话也不提保险，反而围绕着一杯再普通不过的水来大做文章，让严先生看不透他的意图，勾起了他的好奇心，使得他开始不由自主地跟着小张的铺排走，并且渐渐地打开了话匣子。

有时候，一个沉默寡言的人，并不是因为表达能力不好，只是因为没有一个能启发他们谈兴的人，没有一个能吊足他们欲望的话题。所以说，只要我们能多花一点心思，多一点标新立异，找到一个好话题，那么，即使是闷不做声的"闷葫芦"，也一定有开口畅谈的一天。

说服"老学究"：最强的逻辑是摆事实

生活中的琐事特别多，人不可能把每件事都处理得井井有条，恰到好处，随时随地都可能因为一件小事而与别人产生分歧。

在某大学里，有一位教哲学的老教授，在讲课时喜欢谈些深奥难懂的大道理，以致很多学生都在暗地里称他为"老学究""老夫子"。

当时有一位学生，他的雄辩才能闻名全校，听了这位教授的几堂课后，便决定要为难为难他。有一次上哲学课，教授问问题时刚好点到他的名字，他很有礼貌地站起来，对教授行了个礼。教授开始问："请你解释什么是人性？"

"人性就是人们遵守人道。"

"那么，人性的具体含义是什么？"

"是道德赋予人类的本质。"

"请举例说明。"

"譬如理性、潜在意识等。"

"什么是理性？"

"理性就是对感情的严肃总结。"

教授又问道："难道感情不属于人性吗？"

"不是，它们同在，但人性是决定理性的附属品。"

学生的答话，完全没有人听得懂，但用的语法和老教授的完全一样。

结果，这位教授被弄得面红耳赤。因为他平时的说话方式就和那位学生一样，令人不知所云。后来，那位教授开始自我反省，提升了表达方法。

事实上，从表达逻辑的角度讲，抽象的词语并没有说服力，只能唬唬那些一窍不通的外行。比如，在西方的一些政治选举中，候选人为了选票，在面对劳工阶级的选民时，他很少会用一些抽象的政策或政见来说服对方，而是用具体如"减税"、"补助"和"情绪"等字眼，就是这个道理。

相对的，当政治人物回答记者提问或大众某些敏感问题时，就要用"抽象"的名词来回应，让人在表面上看见他很有诚意地做了说明，但说了什么大家都没印象，也听不懂。

因此，语意上的抽象和具体策略，是两个很好用的工具；尤其是抽象语意，如果有人对你说一堆抽象的话，那他事实上就和那位老教授一样，打从心底根本就不希望人家听懂他在说什么，一来可以混些薪水，二来也可以让人不会看穿他的恐惧，甚至可以树立起他的权威性。而且，抽象语句是没有正确的意义的，就好像一位诗人对文盲讲解什么为"后现代主义的审美观"一样，这种抽象的问答永远没有正确的答案，随便人家怎么去解释，说穿了就只能算是文字游戏。

曾经有一位作家，他不曾出国旅行，却写了一本《海外旅游指南》的书，结果很畅销。有人讥讽他说："你何苦这样自欺欺人呢？谁不知道你有惧高症，根本不敢坐飞机，怎么可能去国外旅行？"

那位作家却理直气壮地说："难道非要到喜马拉雅山顶上去

吹风，才知道寒冷是什么东西吗？"就这样，作家一个简单又抽象的比喻，一下子就使得对方无言以对。

此外，你若要使对方心服口服，一般都要讲道理说服对方。不过，如果你没有驾驭语言艺术的能力，而且缺少巧妙的表达逻辑，对方即使理解你的意思，也会轻视你的水平。说不定他的内心已经同意你的想法，而表面上却与你争论不休。

这时，可以尝试使用引经据典的策略，但所引用的句子和事例，最好是众所皆知的，真理之所以能够长存，就是因为它已经被无数人所认同。

俗话说得好："让事实和时间来证明一切吧！"这样的话是任何人也无法反驳的。

有位女作家擅长写言情小说，深受中学生及女性上班族的喜爱。不过，仍然有人抨击她说："她不是一个老处女吗？怎么能把男女之间的爱恋情节写得那么逼真呢？难道她的生活原来是如此放荡不羁吗？"

听到这种流言蜚语后，这位女作家马上在报上登载一则启事："如果这种逻辑真能成立，我想请问，是不是一定要有坐过牢的作家，才能够写出有关囚犯的小说？是不是只有登上过火星的作家，才写得出关于火星人的作品？一个在内陆长大的人，为什么敢断定餐桌上的海鲜营养丰富呢？难道要写灵异或科幻小说的人，一定要先死一次到了地狱做了鬼，才能写出来吗？"从此以后，再也没有人对这位女作家的作品发出质疑。

由此可见，要扳倒在语言上技高一筹的"老学究"，最好的武器就是事实。

说服无理的人：用"掩"和"演"回绝过分要求

当领导交给自己一项"不可能"完成的工作，或是领导提出了"过分"的要求，作为下属，如果实在无能为力，或是职责与道德约束你不能答应时，你该怎么办？

一定要学会说"不"。否则，应承担的结果是，工作做不好，任务完不成，结果没法交代，不但耽误了领导与自己的时间，也给领导留下办事能力差、言而无信的印象。更严重的，还会出现失职，或是违法行为。所以，该说"不"的时候要果断说"不"，说"不"既是一种高明的说服，更是对双方的一种保护。

甘罗的爷爷是秦朝的宰相。有一天，甘罗看见爷爷在后花园走来走去，不停地唉声叹气。

"爷爷，您碰到什么难事了？"甘罗问。

"唉，孩子呀，大王不知听了谁的教唆，硬要吃公鸡下的蛋，命令满朝文武想法去找，要是 3 天内找不到，大家都得受罚。"

"秦王太不讲理了。"甘罗气呼呼地说。他眼睛一眨，想了个主意，说："不过，爷爷您别急，我有办法，明天我替你上朝好了。"

第二天早上，甘罗真的替爷爷上朝了。他不慌不忙地走进宫殿，向秦王施礼。

秦王有些不高兴，说："小娃娃到这里捣什么乱！你爷爷呢？"

甘罗说："大王，我爷爷今天来不了啦。他正在家生孩子呢！托我替他上朝来了。"

秦王听了哈哈大笑："你这孩子，怎么胡言乱语！男人家哪能生孩子？"

甘罗说："既然大王知道男人不能生孩子，那公鸡怎么能下蛋呢？"

甘罗的爷爷作为秦朝的宰相，遇到了皇帝的不可能做到的请求，却又找不到合适的办法拒绝。甘罗作为一个孩童，能如此得体地拒绝秦王，并让秦王不得不放弃自己的无理请求，实在是大出人们的意料。

也正因为如此，秦王才有"孺子之智，大于其身"的叹服。以后，秦王又封甘罗为上卿。现在我们俗传甘罗 12 岁为丞相，童年便取高位，不能不说正是甘罗的那次智慧的拒绝，才使秦王越来越看重他。

在工作中，当领导安排一件工作给你，如果你没有十足的把握，就不要拍着胸脯说"没问题"，也不要说自己"干不了"，那怎么委婉地说服领导改变主意呢？

除了要像故事中的甘罗一样学会触类相喻，委婉说"不"，还要注意"掩"与"演"。

掩，即掩护。领导让你做一件事，为了拒绝的合情合理，场面还好看，可以拜托两位同事和你一起找领导沟通，让他们掩护你说"不"。

首先，大家商量好谁是赞成的那一方，谁是反对的那一方，然后在领导面前争论。等到争论一会儿后，你再出面含蓄地说"如果这样的话，事情真的不好办"，以委婉地说出自己的想法。

这样一来，你可以不必直接向领导说"不"，就能表明自己的态度。这种方法会给人"你们是经过激烈讨论后，绞尽脑汁才下结论"的印象，而包括领导在内的所有人都不会觉得有伤面子，从而委婉地说服领导自动放弃下达的命令。

另外，演，即佯装尽力。比如，当领导提出过分的要求后，就可以这样答复："您的意见我懂了，请放心，我保证全力以赴去做。"过几天，再汇报："这几天刘经理因急事出差，要下周才能回来，稍后我再向上汇报。"又过几天，再告诉领导："您的要求我已转告刘经理了，他答应在公司会议上认真地讨论。"尽管事情最后不了了之，但你也会给领导留下好印象，因为你已造成"尽力去做"的假象，领导也就不会再怪罪你了。

通常情况下，人们对自己提出的要求，总是念念不忘。但如果长时间得不到回音，就会认为对方不重视自己的问题，反感、不满由此而生。相反，即使不能满足领导的要求，只要能做出些样子，对方就不会抱怨，甚至会对你心存感激，主动撤回已让你为难的要求。

可见，说服领导收回自己的命令与指示，不一定非要正面拒绝，但一定要遵守这样的说服逻辑：避免意见冲突，要注意留面子，感谢领导信任。在这个基础上，再含蓄地说明自己爱莫能助的困难。

第八章

跳出说服中的逻辑思维陷阱

只有找到并纠正自己的逻辑思维错误，才可能让自己这种建立在"证据——理由——结论"逻辑基础上的论断被对方所接受，也才能成功说服对方。

主次不分：思维混乱，表述不清

在生活和工作中，我们经常会犯一些语言表达上的逻辑错误，因此工作报告啰嗦，会议观点讲述不清，销售说服无力……总结这些逻辑错误会发现，其中占的主次不分的比例是最高的。

比如在生活中，我们时常遇到一些人，他和你说了半天，东扯一句，西扯一句，你不知道他要表达什么意思。在工作中，有时候自己做了很多事情，但因为不能很好地表达，思维混乱，在领导眼中，自己的努力与成绩无形中就打了折扣。所以，培养良好的语言逻辑能力也是一项重要的工作技能。但逻辑思维的过程是隐性的，是看不到的，只有表达出来了，别人才知道你说的条理是否清楚，主次是否得当。

概括起来讲，主次不分的逻辑错误主要有两点：

一是表达次序混乱

表达次序混乱，其实就是思维混乱。这样就切中不了要害，说话云里雾里，一会儿谈 A，一会儿谈 B，一会儿又提到 C，然后又绕回 B……这是说话的大忌。比如，有个员工想说服领导给他加薪，他是这样表达的：

"领导你看，我在公司工作了五年了，以前我就一直做销售，做过三年，我很喜欢这份工作，我希望以后更加努力，争取把业绩再提升一大块，当然我也希望工资能再高一点，哦，对了，我除了可以做好销售，还可以做一些运营方面的工作。明年就是公司成立十周年，我希望再在公司工作五年。"

试想，这样要求领导加薪，领导会怎么看？

你话都说不利索，既没有讲出充分的加薪理由，表达也非常混乱，就是领导想给你加薪，你也得把话说得让人舒服了。

如果习惯性地想到哪儿说到哪儿，说话没有主次，观点不清，那你在汇报工作，或是请求别人帮忙的时候，最好先整理一下自己思绪，或打个腹稿，怎么整理呢？可以遵循一个原则：先总后分，先结论后原因。

以上面的员工要求领导加薪为例，可以先向领导提出自己的加薪要求，然后再说明加薪理由，最好一二三列出来，这样，不但表达清晰，也很有说服力。

二是轻重不分

说话轻重不分，也是常见的一种逻辑错误。比如，你和别人想用 10 分钟时间交流一下某个技术问题，结果你花 8 分钟闲聊，最后 2 分钟探讨技术问题。说话轻重不分，很难将主要问题说清楚。

避免说话轻重不分，重要的事或者比较急的事要多说，或者要重点强调，无关紧要的事要少讲。就像老师给学生讲课一样，这节课主要讲什么，这是重点，要多讲，深入地讲。如果讲某个问题，需要引用一些观点，或是要进行例证，那举一个简短的例子即可，如果一个例子讲了多半节课，那就有些轻重不分了。

在说服的过程中，注意表达次序与轻重缓急，可以提高沟通的效果。也就是说，你想和别人交流什么，可能只是一个小问题，或是一个小观点，但是，它却凝聚了你大量的思考，是需要花费大量的时间考证和分析的，并不是信口开河的。例如："领导，我觉得周六出差乘高铁比较好"。然后再陈述原因，为什么要这么做。"周末外出的人可能比较多，机票只有早上和晚上的，会影响您的休息；另外周六天气可能不好，飞机容易晚点。"

　　这才是用逻辑思考，用逻辑说话，比自然讲出的话说服力要更强。所以，不管是日常的交流，还是商业合作，抑或是说服某个人，一定要学会围绕重要或关键问题，来组织你的表达逻辑，避免思维混乱。

稻草人谬误：曲解论点，扩大解释

稻草人谬误，是非形式谬误中的比较常见的不相干谬误的一种。所谓非形式谬误，指的是论证过程中逻辑结构错误之外的错误。而其中的不相干谬误，是指论证的前提与结论之间毫无逻辑关联的一种不当推理方式，又称为制造假冒论据。

比如说："人为什么要睡觉？因为人不睡觉的话开出租的人就会赚不到钱。"

这个问答中，"人不睡觉的话开出租的人赚不到钱"这句有一定的正确性，但开出租的人赚钱是否和人为什么不睡觉相关呢？基本无关——当然，我们可以争辩说在特定语境下这里可以有因果，不过我们这里不考虑那些较为特殊的语境。

一个人在逻辑上犯稻草人谬误的主要表现是：夸张、歪曲，甚至凭空创造了别人的观点，来让自己的观点显得更加合理。这是一种极端不诚实的行为，这不但影响了理性的讨论，也影响了你自己观点的可信度。因为如果你可以歪曲别人的观点，你就有可能从正面歪曲自己的观点。

例如：小王说国家应该投入更多的预算来发展教育行业，小李回复道："想不到你这么不爱国，居然想减少国防开支，让外国列强有机可乘。"小李就犯了稻草人谬误。

在这里，稻草人只是一个"替身"，是一种认识不清的心理效应，来自我们对一个事实的错误归因。一般来说，主要有这么几种"稻草人"：

1. "曲解论点"的稻草人

> 小赵和小陈在吵架，小赵说："你为什么不回我的微信？"
>
> 小陈："我昨天在忙，本来要回，后来忙着忙着就忘了。"
>
> 小赵："我知道在你心中，工作比我重要。"

最常见的情况，就是两个人在讨论的焦点，并没有随着讨论而深化，反而在无形中转移了焦点。

2. "新增论点"的稻草人

> 丽丽想让爸爸带她去参加同学的生日聚会，丽丽说："爸爸，后天晓云生日，她家有 party，那天晚上我们一起去吧。"
>
> 爸爸："办什么生日 party？晓云家就爱炫富。我不允许你跟这么势力的人交往，不许去！"

爸爸在与丽丽的讨论中提出了一个丽丽没有提过的论点，"晓云家爱炫富"。并且通过这个没有得到验证的观点，对女儿的朋友做了一个不相干的批评。

3. "扩大解释"的稻草人

> 小李和爸妈坦承自己不想相亲："爸，妈，我真不想找对象，还想过单身的日子。"

爸爸："你说的这是什么话，30 大几的人了，我们都替你着急啊。"

妈妈："哎呦！这让左邻右舍听到多丢人啊！"

麦可："单身不丢人。"

妈妈："还不丢人？不然你对外四处宣扬看看，你敢吗！"

丢不丢人，跟"四处宣扬"没有必然关系。

其实，每个人的心田也扎着几个稻草人，守护自己不受伤害。在我们的生活中，有时我们犯了这样的谬误，有时我们自己成了稻草人，然后在真人假人的真假暧昧中，我们有意无意地忽略了真相。

谬误经常和"理性"两个字联系在一起，进而当某些思想的谬误被抓出来，好像就可以决定一段讨论是否还有继续存在的价值。好比当我们发现某个人的论点中出现稻草人谬误，似乎就没有必要继续跟这个人讨论，因为讨论可能根本不会有一个具体的结果，还可能因为彼此认知的歧见引发冲突。

所以，在与他人交流、探讨问题时，要避免出现稻草人谬误，以增加说话的可信度。

类比失当：抓不准共性，胡乱推断

在辩论或是谈话中，为了增强表达效果，我们常会使用类比的方法来论证自己的观点。那什么是类比论证呢？

类比论证是一种通过已知事物（或事例）与跟它有某些相同特点的事物（或事例）进行比较类推从而证明论点的论证方法。其中，"相同特点"是这种论证方法能够成立的前提，没有它，就无法进行类推；"比较类推"是这种论证方法的根本标志，没有这个推理过程，就达不到证明论点的目的；"已知事物"是这种论证方法的一个重要条件，它是为所要论述的主体事物服务的客体事物，没有这个条件，不能使类推的道理明显化，不易为读者接受，在某些情况下也不能达到证明论点的目的。这种论证方法通过客体事物与主体事物相同特点的比较，把客体事物的性质类推到主体事物上，由此揭示出主体事物具有客体事物同样的性质，从而达到证明论点的目的。

《邹忌讽齐王纳谏》中，作者把邹忌受到不切实际的赞美即受蒙蔽的这一性质类推到了齐王的身上，生动地证明了"王之蔽甚矣"这一论点。又如：鲁迅先生的《拿来主义》一文中，以尼采不是太阳，也没有无尽的光和热，类推到中国也不是太阳，也没有无尽的光和热，不可能一味地给予，除非中国像尼采那样疯掉。

再如，儒士张倬与僧人辩论。僧人宣称："儒教虽正，却不如佛

学玄妙，我们僧人能读儒教的书，你们却不能通晓佛家的经典。"张
倬回答道："不对吧，比如饮食，人可以吃的狗也能吃，狗可以吃的，
人却决不能去吃了。"

这几个例子中，用到的类比都比较生动形象。但是，不是每个
人都善于使用类比的表达方式。如果所比较的两件事物就所讨论的
问题而言，实际上并非真正类似，这种类比就不恰当，基于其上的
论证也就存在"类比失当"的逻辑谬误。

举个例子：

"枪支和铁锤一样，都是具有金属构件的可以杀人的工具，但
是限制购买铁锤是很荒唐的，因此限制购买枪支也同样荒唐。"

的确，枪支和铁锤都有一些共同特性，但是这些特性，即都有
金属构件、同为工具、都可能用于暴力，在决定是否需要限制购买
枪支时并非属于要害问题。实际上，限制枪支乃是因为枪支很容易
用于远距离大规模杀人。这一特性铁锤则没有，用铁锤击杀一大群
人，恐怕很不容易。因此，这样的类比是不恰当的，而据此给出的
论证也同样不恰当。

赵本山有句台词，叫"脑袋大脖子粗，不是大款就是伙夫"，
其实就是用的类比。这两类人在这些方面相同或类似，去推知他们
在其他方面也相同或类似，这些方面是什么方面呢？脑袋大，脖子
粗，然后就推知他们在另外一些地方也可能相同，另外一些地方是
什么？不是大款，就是伙夫。这就是合理推理，这个结论可能是正
确的，也可能是错误的。

在客观世界中，每个事物都有着与其他事物不同的独特的个性，
也有着与其他事物相同或相似的属性，即存在着共性。类比论证术
就是在考察两类事物某些相同或相似属性的基础上，推断出它们另

外的属性也相同或相似的论辩方法。

　　如果在说服中能灵活、机动地运用类比的方法，一定能使你的语言变幻无穷，精彩万分，并能极大程度地表现一个人的雄辩才能。反之，运用失当，会极大地削弱你的说服力。

转移议题：议题跑偏，观点飘忽

什么是转移议题？

通俗的定义是：指在论证过程中偏离正题，转向某一次要问题，从而转移人们对要害问题的注意力，之后的论证往往再不会回归原题。

比方说，"考试分析采用曲线形式最为公平。无论如何，师生关系融洽的话，教学效果就更好。"现在，将其中的论据及其结论各自单列出来，看看其中存在什么问题：

论据：师生关系融洽的话，教学效果就更好。

结论：考试分析采用曲线形式最为公平。

这样就看得很清楚：论证偏离了正题——能够使人融洽相处，并不一定就更公平；公平与正义有时需要我们做出某些将会导致矛盾冲突的事情。但是，人们可能觉得，诸如师生关系融洽之类的问题确实很重要，因而就容易忽视这一点：上述论证并未给出能够支撑"曲线更公平"的任何证据。

这就是人们常犯的转移议题的逻辑错误。为了避免这样的错误，在正式辩论或说服之前，可以借用提纲形式，把论据与相应结论分列出来，看看论证中提出了多少问题，各个论据能否支撑相应结论。

如果在谈话中经常转移议题，就很难抓住谈话的重点，不能让对方了解你的思路与观点。

　　小周性格比较内向，不善于表达，在与别人交流时，经常是自己讲了一大堆，人家却不知他想说什么。而且，经常在谈一个问题时，会引出许多其他问题，最后逐渐偏离了主题。有时，他会顺着别人的思路，有时又会拉回到自己的议题，说话有些飘忽。尤其是向领导汇报工作，经常说到一半，就被叫停了："好的，就先讲这么多，你的情况我清楚了。"搞得自己很尴尬。

　　在这个案例中，小周犯的主要错误就是转移议题，这也是他与其他人交流的一大障碍。在平时，你是不是在不经意间转移了议题，跳出了你既定的逻辑圈，通常可以从对方的反应中得到答案。一般来说，当你转移了议题，对方会这样提醒你：

　　"你说的这是哪和哪呀，真是搞不懂。"

　　"快点吧，请说重点。"

　　"拜托了，请说得直接点好不好？"

　　说话偏离主题，看起来是说话的问题，其实是你心理状态的问题。你有情绪要表达，所以你要先宣泄再说事，比如你心里不爽，所以你不是为了说服别人而是为了否定别人，以证明别人没道理的方式打压别人。

　　那习惯性地转移话题，表达啰嗦有没有办法改变呢？可以按下面的方法来解决：

　　首先要弄清对方想了解的重点是什么，如果不清楚就反问别人到底想问什么。这就跟打羽毛球一样，对方打过来一个出界球，你不接是对方丢分，你接了没接准就是你丢分了。

　　其次，要注意与对方互动，不要只顾自己表达。在谈话中，大家都想表现自己的知识面和逻辑面，这可以理解，但是一定要随时保持互动，这样可以防止一个人说话跑偏。

再次，在一些特殊情况下，如果对方让你做陈述，你又抓不住他关心的重点，且不好意思问。这时，可以适当讲一些"废话"，在丰富交流信息的同时，探一下对方的意思。

最后，如果担心自己在交流中会跑题，可以一开始就先抛出答案，答案中会有很多需要解释的地方，你不要过多解释，先稳住对方。对方再问你再解释，问什么解释什么。

另外，要学会用简单通俗的话讲述复杂高深的事。对方不说专业术语，我们就不要说。有很多所谓专家学者经常把一些简单概念搞得云里雾里，故弄玄虚，显得自己学识渊博，其实是变向地转移别人的注意力。

可见，保持说话的专注度，防止跑偏，是需要遵循一定的思维逻辑的，即除了要讲究说话的层次与结构，还要考虑对方的思路与心理。如此，讲出的话才会中听。

以偏概全：管中窥豹，论据无力

"以偏概全"很好理解，即依据不充分的例证得出普遍的结论。它是人们在生活中经常会犯的逻辑错误。比如"大学男生联谊会的人都是醉鬼"，"我的舍友说她的哲学课很难，我的哲学课也很难，因此，所有的哲学课必定都很难"，以及"书读得多了会变得很呆"等成见，就是"以偏概全"的例子。

小王第一次去麦当劳吃午餐的时候，他点了一个儿童套餐。吃了一口，觉得味道不怎么样，回来对小赵说："麦当劳里的东西超难吃的，小小的两片干涩的面包夹几片青菜和一块肉，青菜还是生的，可乐里还要加冰充数，坑爹呀，还不如自己去超市买一罐大瓶的，要喝多少就喝多少，你千万不要去啊！"

在这个例子中，小王犯了"以偏概全"的错误。儿童套餐本来分量就比较少，麦当劳也是以卖洋快餐为主的餐饮店，他只吃过麦当劳的一种套餐就否定整个麦当劳的餐品，这是不正确的。而且每个人的口味不同，每一种餐品的味道价格也不同，他仅仅以个人口味，以一种套餐对麦当劳的商品作出判断，显然犯了以偏概全的错误。

在历史上，这样的例子俯拾皆是，"管中窥豹"就是典型的一个。

东晋著名书法家王羲之的小儿子王献之，和他父亲一样，也是著名的书法家，当时人称"二王"。

王献之年幼时就很聪明伶俐。有一天，他和两个哥哥徽之、操之一起去见宰相谢安。当时，徽之、操之都说了不少家常琐事，而献之只问候一下就不作声了。他们走了以后，有人问谢安三个孩子哪个较好，谢安说："最小的一个较好。他说话不多，但并不腼腆，所以说他好。"

有一天，王羲之的几个学生在一起玩一种游戏，年仅几岁的献之在一旁瞧着，看出了胜负，便对其中一方说："你这方赢不了啦！"那些学生见他年纪这么小，竟也看出了胜负的道理，便取笑他说："这小孩从管中窥豹，有时也看到了豹身上的一片斑纹哩！"意思是虽不全懂，也知道一点。

"管中窥豹"有时与"可见一斑"连用，比喻从看到的一部分可以推测出全部。说是推测，许多时候，其实都是个人的感受，或主观好恶。如此，得出的结论自然难人服人。为了防止犯这样的错误，在得出你的结论之前，一定要三思，下结论时一定要谨慎。

一是避免一概而论

一概而论指根据一件或多件事情以偏概全得出错误结论。如果你发觉自己想到"总是"、"从不"、"绝对"、"人们都……"或"全世界都……"你很可能有一概而论的倾向。

二是别急于下结论

先别着急下结论。如果你认为所有人都一样笨，那你会更生气，更加无法有效处理小小的不愉快。

三是要多方面看问题

要多个角度，多个立场看问题，不管从别人嘴里听到什么，看到什么，都要有自己的思想和判断，不能人云亦云，或者以点概面。

如果你习惯于以这种方式思考问题，或表达你的观点，就会克服以偏概全的逻辑错误，提升自己说服力。

模棱两可：是也不是，不是也是

提到"模棱两可"，我们首先想到的词就是"可能""也许""大概""差不多""估计"……当我们不确定一件事，或是一个观点时，为了稳妥起见，常常会用这些词来进行修饰，这无可厚非。

所以说，模棱两可有一大好处，那就是以静制动：不做决定，不主动采取行动，细心观察得出明确的想法后再主动行动，之前可以随大流。这样可以保全自己。

但是有些时候，当你必须要申明一个观点或立场时，用这些词来修饰就不恰当了，而且逻辑上也是说不通的。

比如，几个人在一起讨论这样一个问题：大学生应不应该兼职。学生 A 说："我觉得大学生做兼职好，一来可以减轻父母的经济负担，二来可以锻炼自己，让自己提前适应社会。"学生 B 说："我觉得还是不做兼职好，会耗费很多时间，耽误学习，而且影响休息。"

"大学生要不要做兼职"，这个问题答案只有"要"或"不要"，没有第三种。但"要"与"不要"又是相互矛盾的。这就是说，如果你同意 A 的观点，肯定会否定 B，反之亦然，但是，你既不承认 A，又不承认 B，就犯了"模棱两可"的错误。

在平时，模棱两可的逻辑错误有多种表现方式。请将下面的这些话与你的一些习惯用语作对比，看看你是不是一直在犯类似的逻辑错误。

1."好的，但是……"

当人们在交流过程中出现意见上的分歧时，其中一方的本意原为"不行，绝对不可以"，但为了不伤和气，他先肯定了对方，当对方以为自己的要求得到许可时，他又费劲脑汁地将自己拒绝的本意含糊地表达出来。

但由于已经表现出了肯定，再反驳于情于理都缺少说服力，而且迟来的拒绝也很容易使对方心生埋怨。即使一方觉得"不行"很难说出口，但是如果不及时表达出拒绝的态度，会更加受困于对方所提的要求。

所以，平时经常使用这类语言模式的人要记住，如果想拒绝对方的请求，一定要及早说"不"，而且不要含糊其辞。

2."我也不知该怎么讲"

有些人在沟通时语言含混不清，语序错乱无序，话题没有主次之分。如有人习惯说"我也不知该怎么讲"，看似无话可说，其实是对问题没有清晰的认识。这种含混不清的表达，说明一个人困惑于他人是否能接受自己的观点。

所以先把自己要讲的内容整理好，然后再经口传达出去，最后再静观对方的反应。从这几个环节中总结出经验，从而渐渐让自己的语言更符合逻辑，表达的内容更容易让人接受和理解。

3."也就那么回事……"

在别人提问的时候，有些人经常用"也就那么回事……"作为回答。比如，一个病人看过大夫后，大夫给他开了一个药方。一个月后，他来复查，医生问他用药后的身体状况，他说"也就那么回事"，这就让医生很难办了：这药倒底是见效，还是不见效？

从这句话，能看出一个人对待一件事的态度。经常使用这类语言的人，态度往往比较消极，不善于用积极的话语去影响、改变他人。

4. "听某某人说……"

不论谈论什么样的事情，有些人总是习惯举别人的例子，或者引用他人的话，就像一个犯了错误的孩子，将过错推卸给其他的小朋友一样。经常使用这句话的原因在于，他们的判断和行为基准都依赖于其他人，自己缺少主观判断。所以，他们看待一些事物，或是表达一些观点时，经常也是随大流，没有主见。

为了确切地表达自己的想法，我们必须知道"我"真正需要的是什么，不要以任何借口使自己的表达显得模棱两可。也许我们本身的欲求并非通过合理的表达就能实现，但是通过耐心、融洽的沟通，在双方之间达成一种共同受益的默契，即使不以防御的心态作为交流的基础，也能让自己从容自若地表达。

滑坡谬误：将"可能性"说成"必然性"

什么是滑坡谬误？滑坡谬误指：说理者使用了一连串的因果推论，夸大了每个环节的因果关联程度，把不一定发生的事情说成一定发生的事情，最后往往得到不好的结果。也就是说，如果他认为 A 发生了，那么 B 也一定会发生，B 发生的话，C 也会跟着发生。为了不让 C 发生，他一定要反对 A。

持这种想法的人，其实犯了滑坡谬误的逻辑错误。他不讨论当下的事物 A，而是把讨论重心转移到了推理出来的极端事物 C。因为他没能给出任何证据来证明 A 的发生一定会造成事物 C 的发生，所以这是一种诉诸恐惧的谬误，也影响了人们讨论 A 时候的客观性。

我们生活中有太多的滑坡谬误存在了，只是我们没有经过独立思考，不容易察觉，例如：

小学生担心：今天浪费时间玩游戏，导致作业没完成，作业没完成，上课被老师骂，老师骂了，有损自尊心，然后没心学习了，最后一无所成。这样的推论是一路下滑，结果的影响越来越大。

小张反对同性恋婚姻，因为他认为如果我们允许同性恋结婚，那么就会有人想要和桌子、椅子结婚。小张犯了滑坡谬论。

有专家认为：如果政府着力下调房价，那么实体经济就会受到重创，社会动荡就会爆发。

有的病人抱怨：刚来时候还好好的，怎么住了两天院就站不起来了？

……

这些都是滑坡谬误例子。滑坡推理往往很长，中间的一些推理其实概率很小，但大家觉得很正常，很符合逻辑，就接受了。很多辩论高手都会用滑坡推理，往往气势逼人，把人唬住。

通常，滑坡谬误存在两个以上因果推导。我们都知道，一个原因都未必导致一个结果，这样层层推导未必就会发生说理者推导的结果，因为当中存在了许多的不定因素。一般来说，滑坡谬误通常来自一些悲观的人，他们想事情总是往不好的方向思考，从而忽略了还可能存在好的结果。

有个家长，为了不让孩子玩手机，对孩子进行了一番说服教育：

你绝对不可以再用手机上网了！因为用手机上网，会导致人的精神疲劳，长时间的上网还会降低人的抵抗力，降低人的反应能力。时间久了，你的反应会下降，食欲下降，眼睛也会非常疲劳，你的眼睛度数会很快地增长。你可能会因此宅在家里不想和同学玩，躺在床上犯困，精神萎靡，这样，你会越来越消极，并且会患上抑郁症。

这哪里是说服！分明是强词夺理。

为了避免类似的滑坡谬误，除了要理性思考，还要做一个思想积极的人，凡事要往好的方向想。如果就某一个观点，有人在我们面前做了类似的一连串推导，你一定要学会独立理考，并质疑其中每一个环节的合理性，同时，要问自己以下几个问题：

这件事情是真实存在的吗？
如果是真的，会有什么不好的结果？

如果是真的，会有什么好的结果？

不好的结果发生的概率高吗？有没有反例？

采取哪些措施能够避免不好的结果发生？

这么做的逻辑就是：先质疑合理性，再想办法补救，不要不合理地使用连串的因果关系，将"可能性"转化为"必然性"，把小概率事件当作必然发生的事件进行推理。

错误归因：过分低估情景的力量

社会心理学认为，决定我们与他人关系的根本因素不是别人的行为，而是我们对别人行为的评价，也就是如何对他人的行为进行归因。

当我们评价他人行为的时候，并不总像自己想象的那样客观。事实上，我们更倾向于将他人的行为归因于个人原因而不是他们当时所处的环境。比如，对于失败的人我们总是习惯归因于他们自身的缺点，比如懒惰、胆怯等；而未考虑到环境的因素，比如教育缺失、机会匮乏等。这种夸大个人因素的作用而轻视环境因素的影响的倾向，在心理学上被命名为"基本归因错误"。

比如说，我们开车进入加油站，发现前面的车在后面一个加油点加油，挡着你无法去前面那个空着的加油点。你会认为这位司机根本没为后面的司机着想，说轻了是欠考虑，说重了是素养太差。但事实上，这种状况可能是情境所造成的，也许他刚到时，有车正在前面的加油点加油呢。

那么，我们为什么会犯这些基本归因错误呢？换句话说，造成上述基本归因错误的原因到底有哪些呢？

首先应该是情境因素。当我们为自己的行为归因时，环境因素会成为我们的注意焦点；而当我们观察别人的行为时，我们的注意力会集中在行为的载体——人本身。比如说，我们在路上开车，正好遇到一只宠物狗在过马路，你立刻减速并让狗狗安全过街，于是路上开始出现一点拥堵现象。此时，后面的司机不停地按喇叭，你却说："瞎了眼啦？没看到前面有小狗要过马路吗？"我们把原因归结到情境，是因为我们亲身经历了这一情境，因而我们的焦点也在情境上。同样的情况如果发生在你前面的那辆车上，你也许会像后面那位司机一样去按喇叭，因为你不了解情境，只能将注意力集中在对方身上，并埋怨对方开车太慢，水平不高。

其次应该是焦点因素。除了我们一开始就讲到的自我觉知效应外，我们所关注的焦点也会让我们产生归因偏差。心理学家做过一个实验，在法庭上同时架着两部摄像机，一部对着罪犯，一部对着检察官。于是，他们要求一些实验者观看录像，并判断罪犯是否有罪。观看对着罪犯的录像，人们会认为罪犯是主动认罪的，即罪犯真的有罪；而观看对着检察官的录像，人们会认为罪犯是迫于压力被迫认罪的。由于法庭的大部分录像是聚焦在罪犯身上，陪审团观看这些录像时会十有八九地认为罪犯有罪。为了防止出现这一现象，有些国家的法律规定，审判过程必须从侧面对罪犯和检察官同时进行录像。这就是焦点的不同带来归因偏差。

归因错误的另一个因素是与行为实施人的熟悉程度。例如，一个在课堂上侃侃而谈的教师，许多学生会得出他性格外向、十分健谈的印象，这一是因为这些学生对他的了解仅限于课堂上，二是因为他的职业要求他有这种能言善谈的能力。而教师的家人和亲友因为对他十分了解，熟悉他生活的方方面面，也许会得出不一样的结论。不仅如此，我们对熟人的行为会表现出更多的理解，并设身处地地考虑到他们所处的情境（外因），作出有利于他们的归因，而对陌生人则较少考虑情境因素，更多地给他们贴上内在特质的标签

（内因），因而可能会作出不利于他们的归因。

错误归因的行为中，另一个不易为人察觉的原因是排除因素，即在归因时不知不觉地将自己排除在原因之外。我们常常会对社会上所出现的一些不良行为，甚至是一些丑陋的、不道德的现象口诛笔伐，进行谴责。这本身是一种坚持正义的表现。但我们有时在谴责和批评时，会不知不觉地对不良的社会现象作外归因，即将自己排除在外，而不是作内归因。

在解释他人和自己的行为时，为了避免犯一些归因错误，一定要了解上述这些因素，让我们在评价他人行为时更接近于客观事实，使我们说出的话更可信，更有说服力。

两难推理：观点矛盾，难圆其说

两难推理，又称假言选言推理，是由两个假言判断和一个两肢的选言判断作为前提构成的推理。由于它在论辩中能使对方处于进退两难的困境，故称两难推理。两难推理是逻辑谬误的一种。

打个比方，上课时，老师看到小明在自言自语，但他没有和别人悄悄说话，但老师问他："你是和 A 同学说话了，还是和 B 同学说话呢？"你这就让小明陷入了一个两难推理的境地。因为对于这个问题来说，小明本来是应该在两个选项中选一个作为回答的，但是不管他选择哪个选项，都是建立在承认自己和别人上课说话这个基础之上的，实际上他并没有和别人说话。

在日常生活中，我们经常会提出类似的问题，让别人陷入两难推理中，有时，也会因别人的"推理"，而使自己左右为难。在辩论中，它可以作为一种方法来反驳对方的观点。但是在表达个人的某个观点或是立场时，如果陷入两难推理的逻辑谬误中，就很难让自己自圆其说了。

中世纪的神学家们曾宣称上帝是全能的。对此，当时就有人提出过这样一个问题：上帝能否创造出一块连他自己也举不起来的石头呢？面对这样一个问题，神学家们进退维谷，左右为难，因为他们无论给出肯定的回答还是给出否定的回答，都不能摆脱如下的困境：

如果上帝能创造出这样的一块石头，那么上帝就不是全能的（因为毕竟还有一块石头是上帝所举不起来的）；如果上帝不能创造出这样的一块石头，那么上帝也不是全能的（因为总算还有一块石头是上帝所不能创造的）；上帝或者能创造出，或者不能创造出这样的一块石头；所以，上帝不是全能的。

这就是一个两难推理。它是由两个充分条件假言判断和一个二肢选言判断作前提而构成的。再来看一个关于两难推理的故事。

古希腊有一个名叫欧提勒士的人，他向著名的辩者普罗达哥拉斯学法律。两人曾订有合同，其中约定在欧提勒士毕业时付一半学费给普罗达哥拉斯，另一半学费则等欧提勒士毕业后头一次打赢官司时付清。但毕业后，欧提勒士并不执行律师职务，总不打官司。普罗达哥拉斯等得不耐烦了，于是向法庭状告欧提勒士，他提出了以下两难推理：如果欧提勒士这场官司胜诉，那么，按合同的约定，他应付给我另一半学费；如果欧提勒士这场官司败诉，那么按法庭的判决，他也应付给我另一半学费；他这场官司或者胜诉或者败诉，所以，他无论是哪一种情况都应付给我另一半学费。

而欧提勒士则针对老师的理论提出一个完全相反的两难推理：如果我这场官司胜诉，那么，按法庭的判决，我不应付给普罗达哥拉斯另一半学费；如果我这场官司败诉，那么，按合同的约定，我也不应付给普罗达哥拉斯另一半学费；我这场官司或者胜诉或者败诉，所以我不应付给他另一半学费。

两难推理之所以叫做"两难"，就在于论辩的一方常常做出一个判断，这个判断引申出两个结论，而这两个结论，不管对方回答倾向于哪一个，在逻辑上都说不通。所以，两难推理常常会使人陷入进退维谷、左右为难的境地。

为了让自己的说服更有力，让论据为观点提供更有力的支撑，一定要注重说话的逻辑。不管是反驳别人，还是做出某种判断，要避免让自己掉入两难推理的逻辑陷阱中。否则，不用别人反驳，你的判断、观点、立场也是站不住脚的。